세계희귀민속문화

The World's Rare Folk Culture

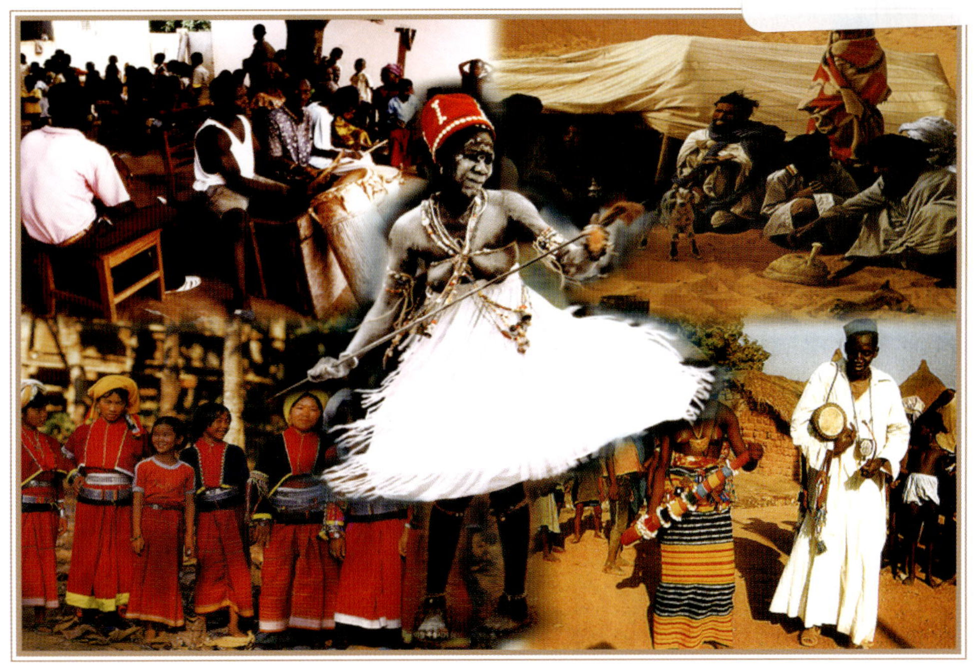

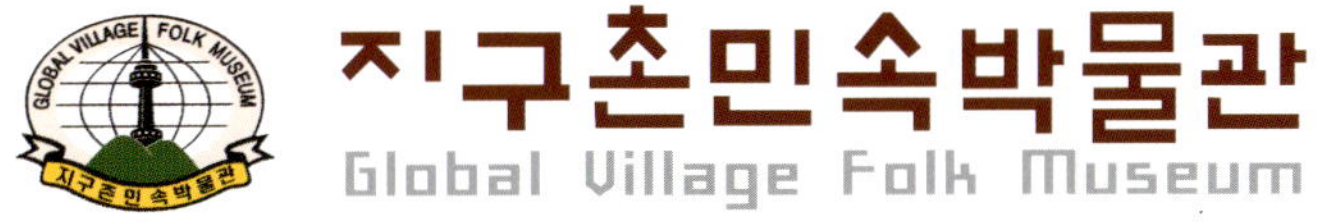

C O N T E N T S

소외지역 찾아가는 박물관 특별전
세계희귀민속문화전 개최에 즈음하여

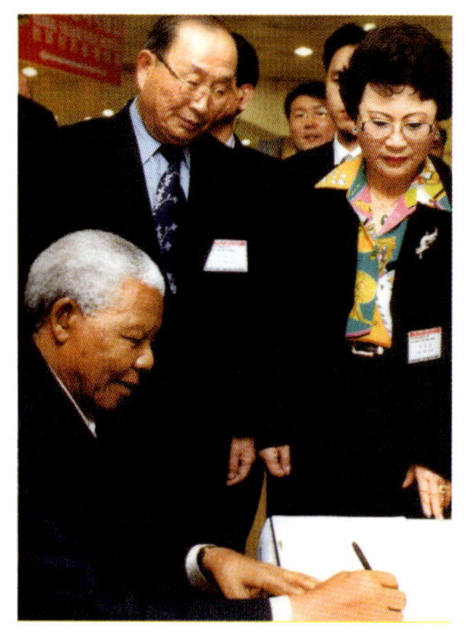

지구촌이 한가족이라고 할 만큼 국제적 교류가 빈번한 세계화시대 지구촌 다양한 부족이 어떤 모습으로 어떻게 살고 있는지 지구촌 오지 구석구석을 달구지타고 마치 신들린 사람처럼 누비며 그들이 사용한 유물을 수집하기 30여 년! 이렇게 장기간 어렵게 수집한 세계민속유물을 서울의 상징적 관광명소인 서울타워에 박물관을 개관하였습니다.

내외 관광객에게 친근감과 볼거리를 제공하는 관광 · 문화시설로 지구촌을 한눈에 볼 수 있는 박물관으로 굳이 세계를 여행하지 않고도 이웃문화 비교 이해와 세계문화체험장으로 내외관광객과 서울시민, 학생 등 그동안 많은 사랑을 받아왔습니다.

개관이후 애국지사 지팡이전, 지구촌 축제 월드컵 본선진출국 32국 문화특별전, 문화엑스포 ICOM 140여 회원국 민속문화대전 등 시의에 적합한 특별전 및 테마별 지속적 기획전시로 항시 새로운 볼거리를 제공하였습니다. 학생과 관람객을 위한 체험행사로 문화향수고객 및 단체고객의 지속적 유치에 유념하는 한편 박물관의 공중목적에 부응하여 강릉국제관광민속제, 금산인삼축제 및 서울인접 대명비발디파크와 수도권 및 서울지역 전시로 큰 성과를 거둔바 있습니다.

서울타워에서 이전 개관 준비 중인 당관은 2005년을 국민과 서울시민을 찾아가는 박물관 해로 정하고 국립중앙도서관 전시실에서 국립중앙도서관/지구촌민속박물관 공동주최 세계희귀민속전, 루마니아 대사관/지구촌민속박물관 공동주최 루마니아 문화예술전을 개최하였습니다. 또한 광복60주년 기념 6.25전쟁 55주년 호국 보훈의 달을 맞아 애국지사 유물 및 6.25참전국 민속문화대전 (주최: 동두천시/지구촌민속박물관, 장소: 자유수호평화박물관) 개최로 6.25참전국 문화체험, 애국지사 나라사랑과 조국의 평화수호의 참뜻을 기리고자 하였습니다.

2005세계박물관 문화박람회 참가와 서대문 문화체육회관 갤러리 등 서울지역 문화소외지역과 서울시민을 찾아가는 박물관 순회전을 지속적으로 추진하여 국민과 서울시민 문화소외 지역민의 문화의식 고양에 일조하고자 합니다.

첨언하여 그동안 어렵게 수집한 세계민속유물을 일차로 서울시 교육청에 기증하였으며 또한 현대화에 밀려 점차 멸실되어가고 있는 본인 소장 지구촌 오지 유물은 문화의 세기, 세계화 시대 명실공히 지역발전의 견인력으로 활용할 의지가 있어, 세계의 유물을 아끼고 사랑하는 기관에 기증하여 우리 국민과 세계인이 항구적으로 활용할 수 있도록 사회에 환원하고자 합니다. 큰 관심과 성원이 있기를 기원합니다.

2005. 9.

지구촌민속박물관장 **박 희 문**

1. 의 생 활 Clothing

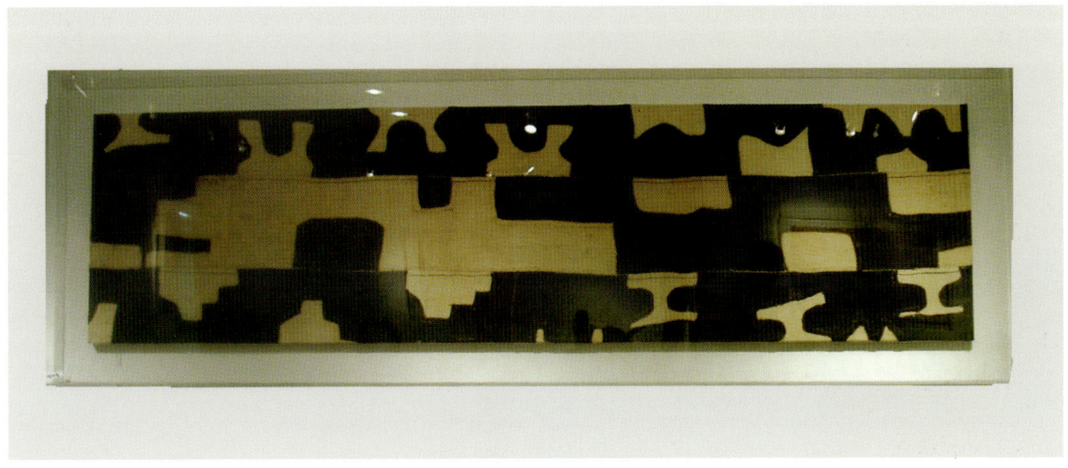

제례용 섬유문양 콩고 17C
Textile patterned for religious ceremonies, 17C, Congo

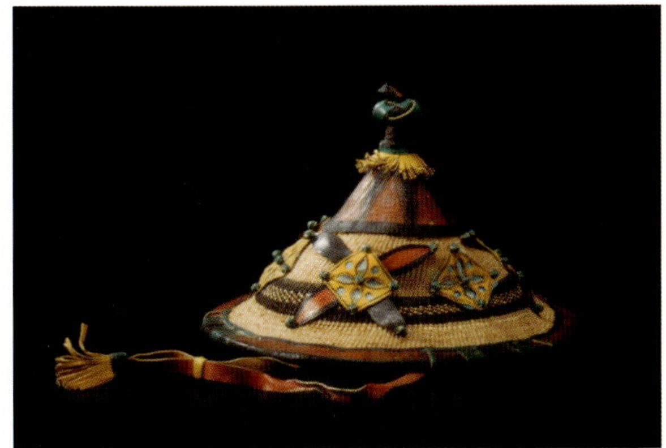

풀로 만든 모자 세네갈 18C
Hat made with grass,18C,Senegal

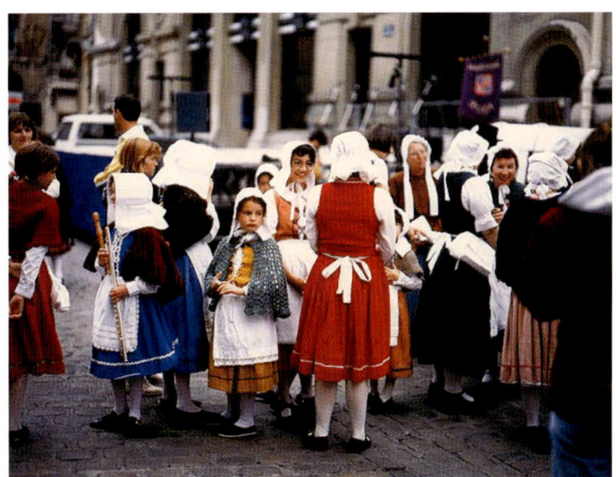

전통의상 프랑스
Traditional clothing in France

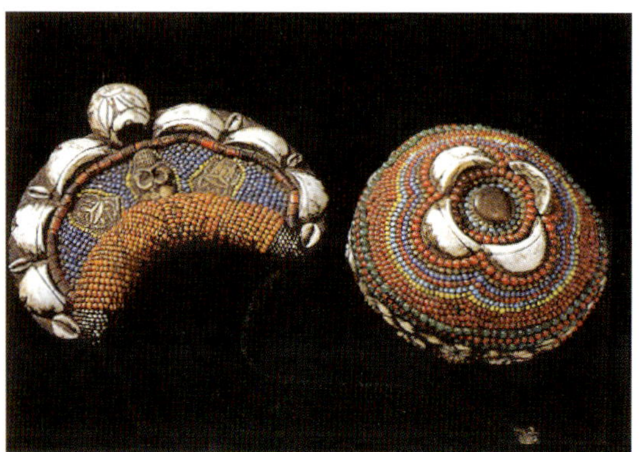

패류장식 모자 티벳 17C
Hat with sell decoration, 17C, Tibet

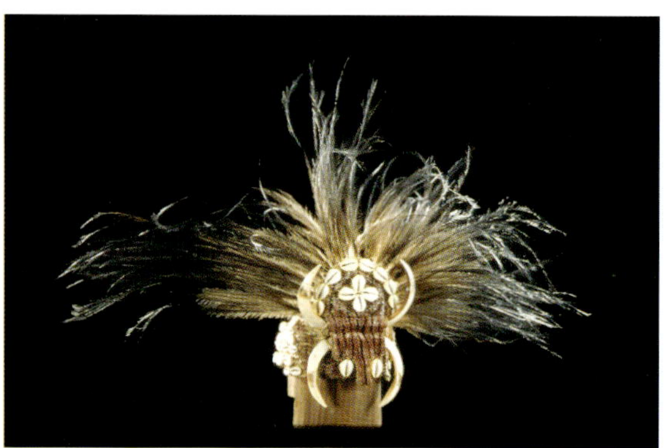

새깃털 모자 파푸아뉴기니 18C
Hat with bird feathers,18C,Papua New guinea

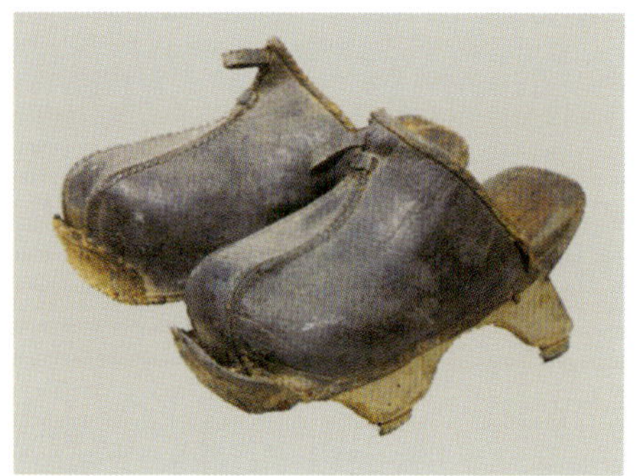

가죽신 카자흐스탄 18C
Leather shoes, 18C kazakhstan

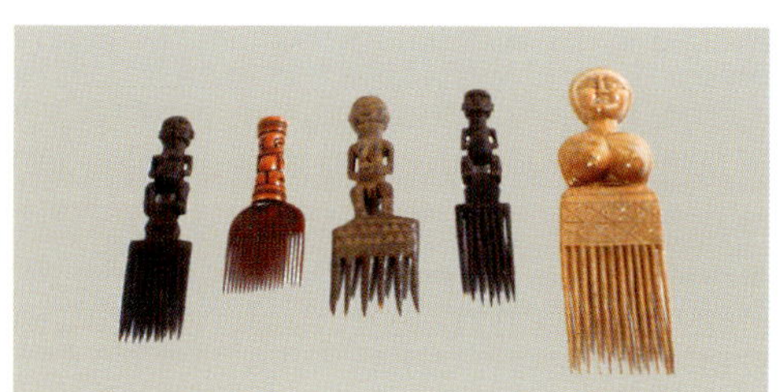

빗 세트 말리 17C
Combs, 17C, Mali

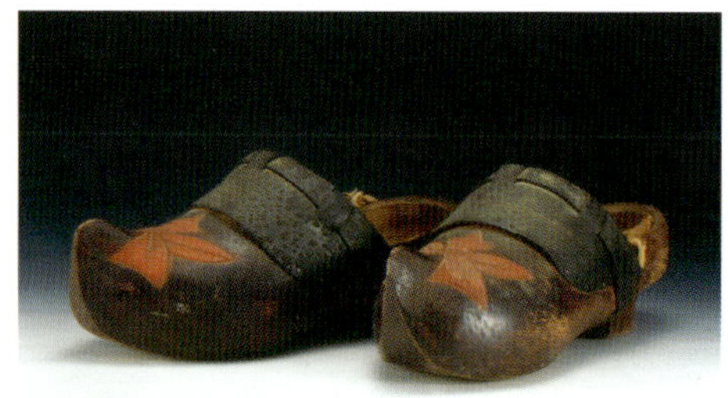

나막신 네덜란드 17C
Wooden shoes,17C,Netherlands

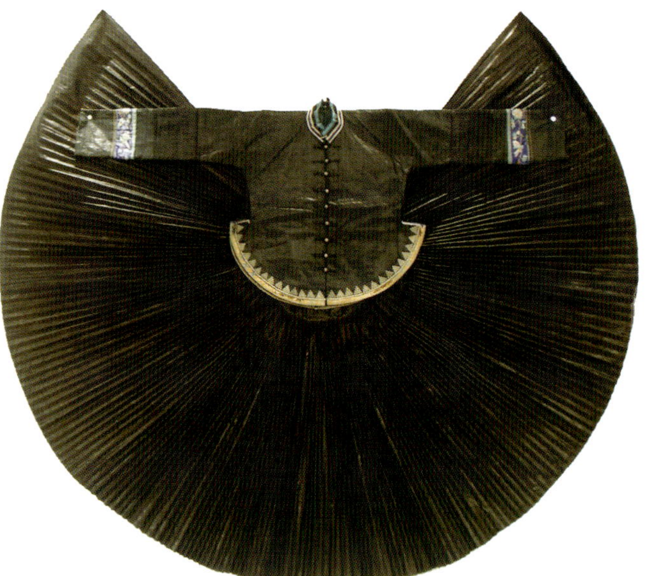

소수민족의상 중국 18C
Traditional costumes of minor tribes, 18C, China

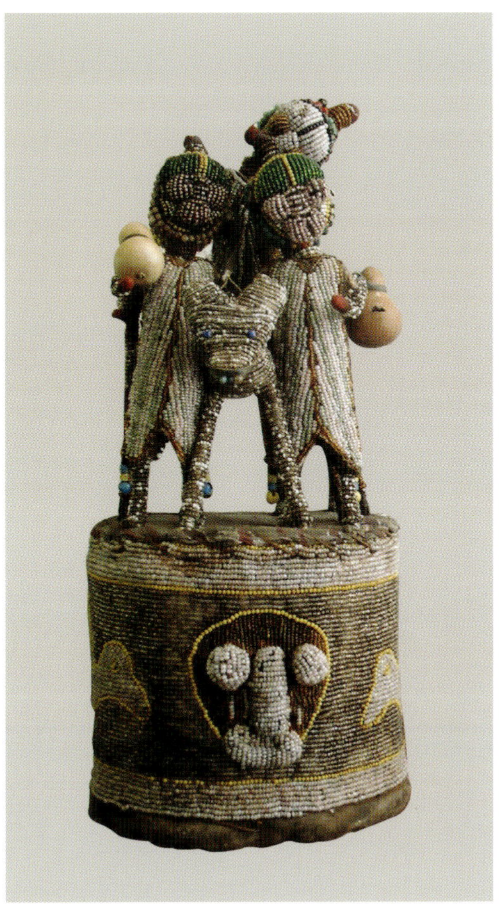

왕관 나이지리아 요르바족 15C
Crown, 15C, Nigeria Yorba tribe

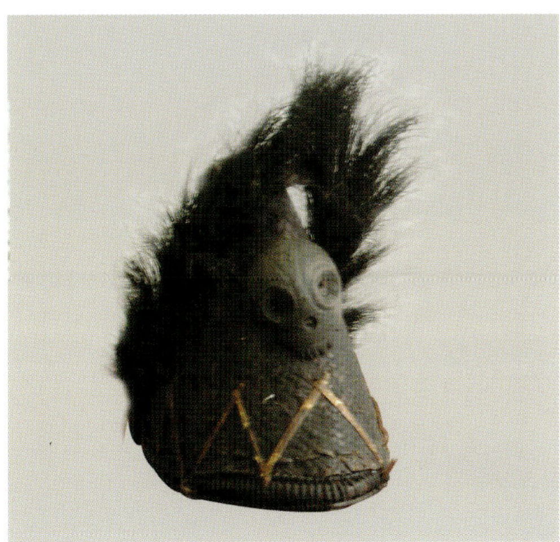

두개골 부착 모자 네팔 17C
Hat decorated with human skull, 17C, Nepal

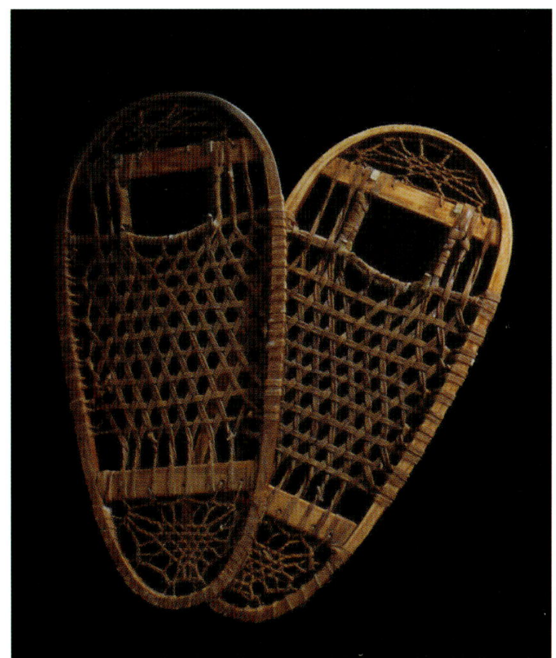

눈신발 미국 알래스카 19C
Snow shoes, 19C, Alaska U.S.A

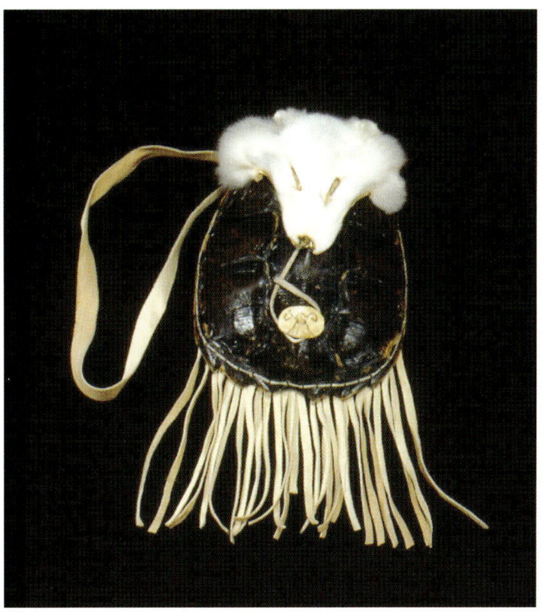

거북이등가방 미국 19C
Bag in the shape of turtleback,19C, U.S.A

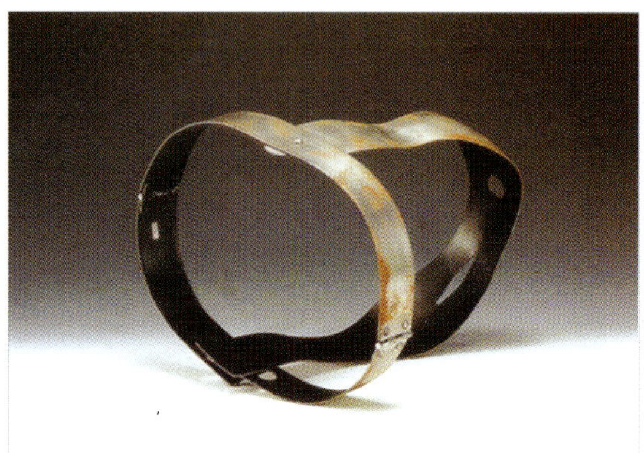

정조대 체코 18C
Chastity belt, 18C, czech

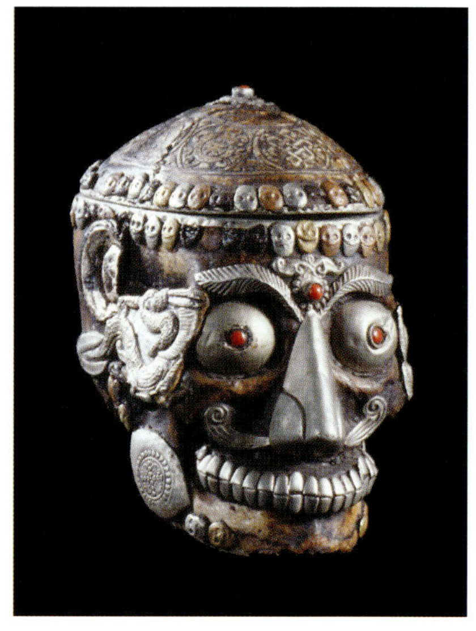

두개골패물함 티벳 16C
Jewelry Box made from human skeleton, 16C, Tibet

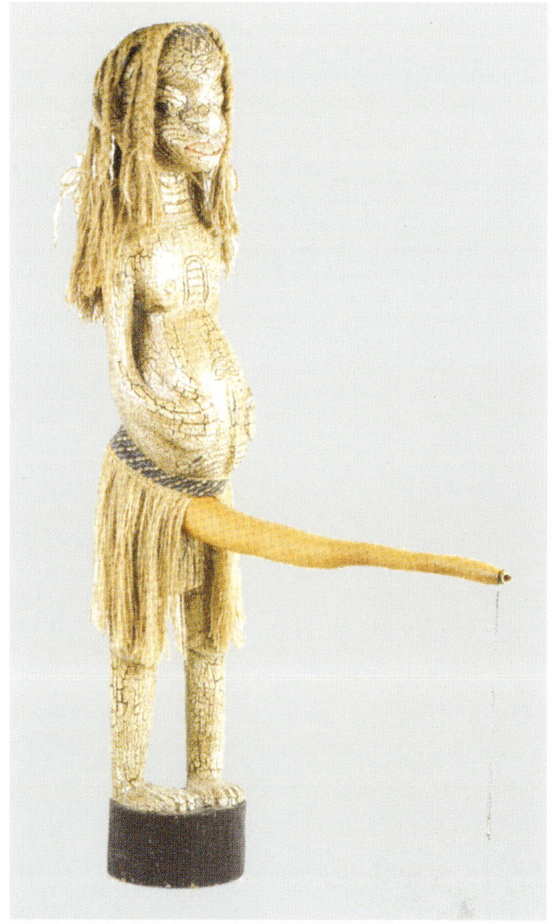

코데카 인도네시아 19C
Lower part protector, 19C, Indonesia

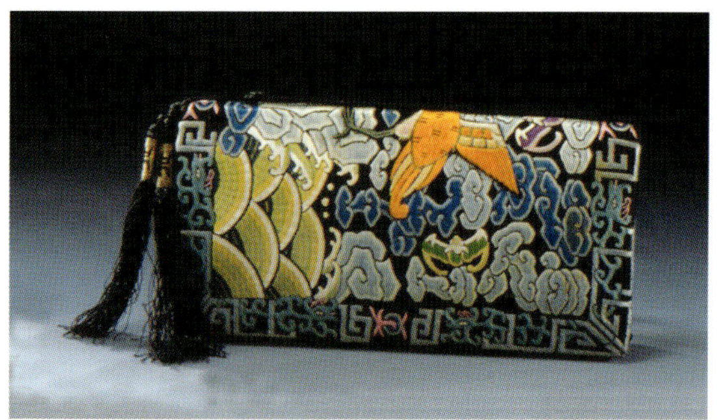

자수백 중국 18C
Embroidered bag,18C,China

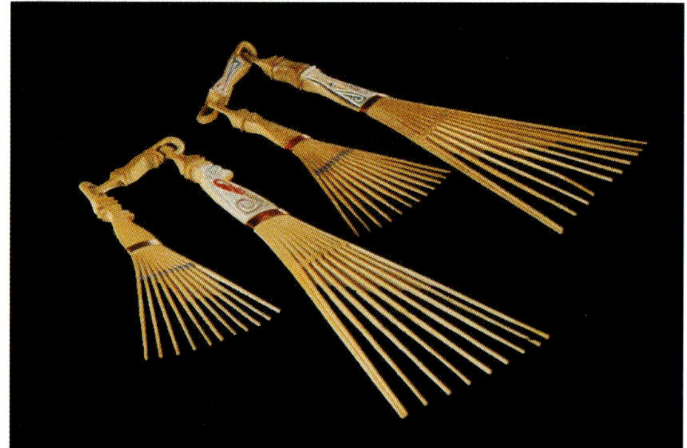

대나무 빗 인도네시아 18C
Bamboo comb, 18C, Indonesia

2. 식 생 활 Food

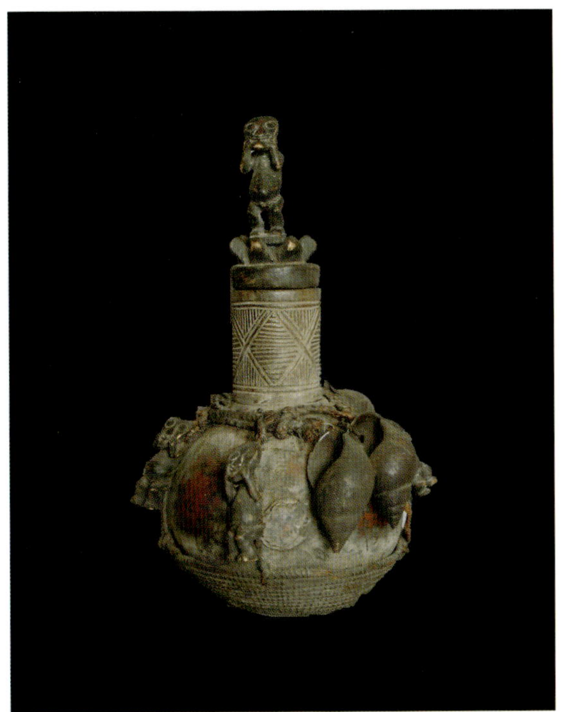

인물형손잡이항아리 콩고 16C
Human shaped pot with a handle, 16C, Congo

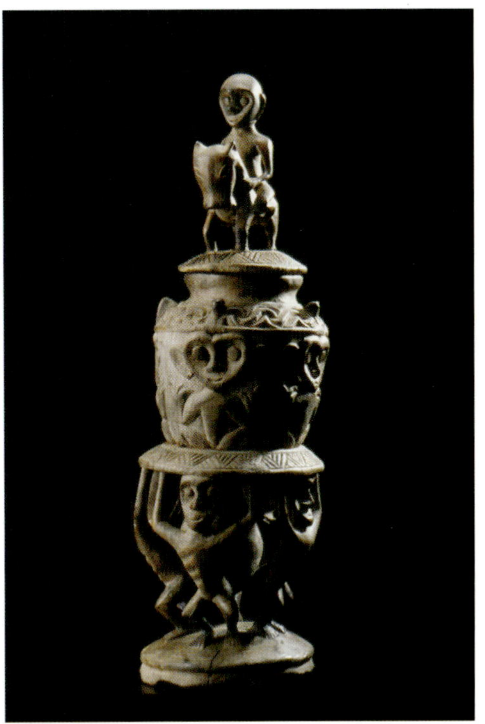

인물조각나무약장 인도네시아 16C
Medicine cabinet, 16C, Indonesia

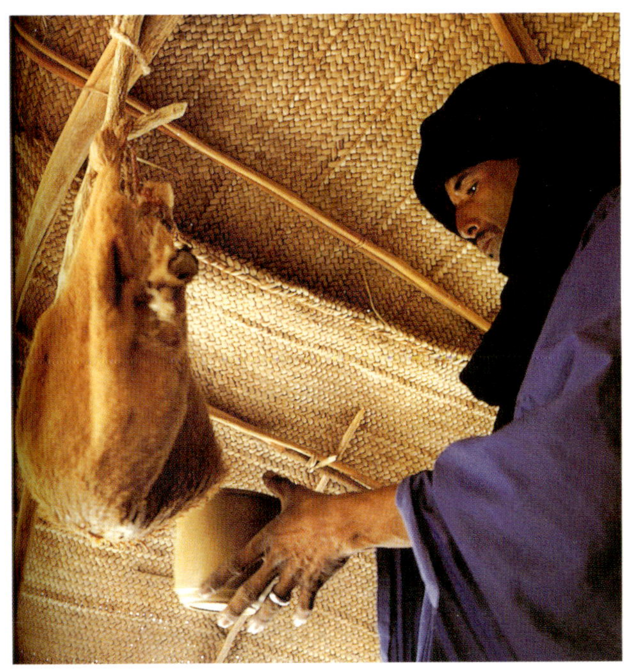

말리 사하라사막 투아레그족 사람이 염소가
죽으로 만든 게루바에서 물 따르는 모습
Figure of a person from the tuareg
tribe pouring water from a Geruba
made with sheep skin in the Sahara
Desert in Mali

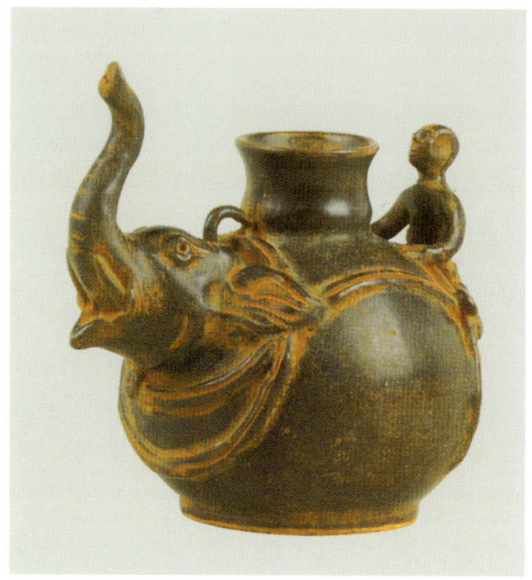

코끼리모양주전자 태국 16C
Elephant-shaped china, 16C, Thailand

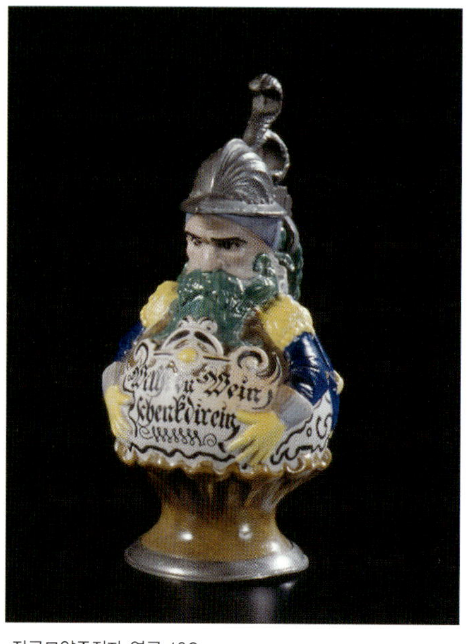

장군모양주전자 영국 16C
pot in the shape of a general, 16C, England

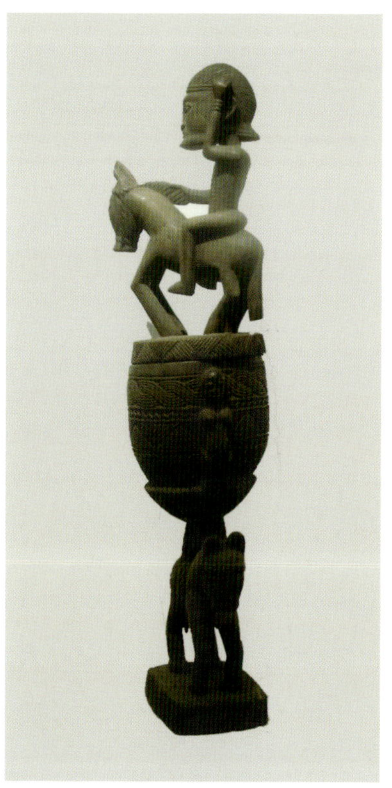

기마인물형항아리 말리 17C
Pot with a human figure riding on horse, 17C, Mali

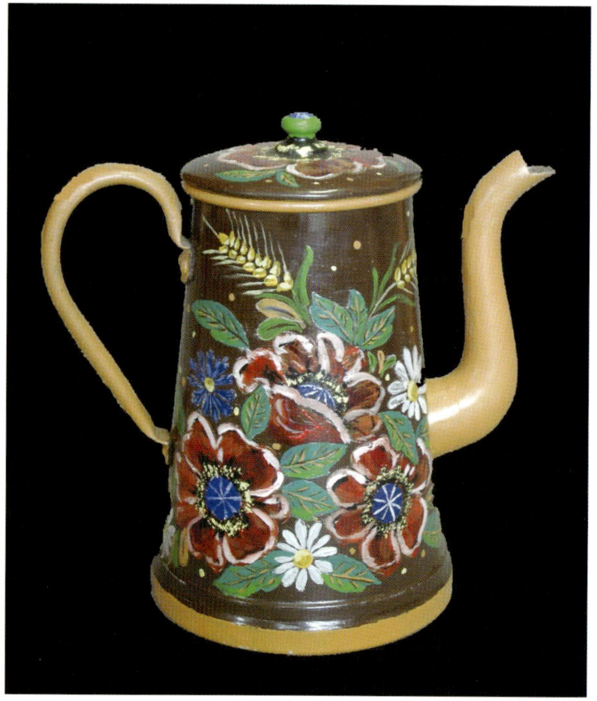

꽃무늬 주전자 독일 18C
Flower patterned kettle, 18C, Germany

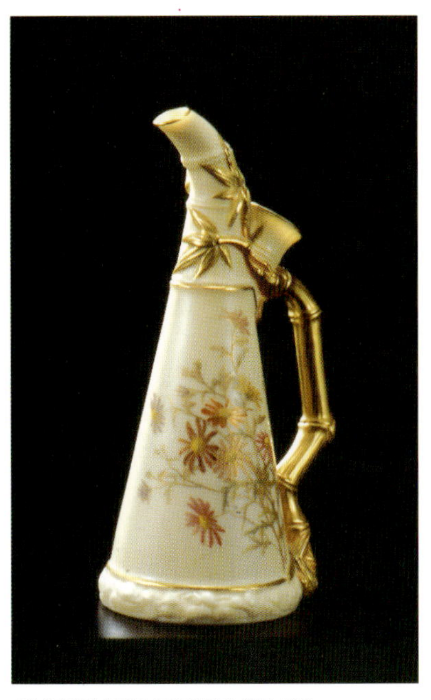

대나무마디손잡이 도기주전자 영국 12C
China pot with bamboo shaped joint handle,
12C, England

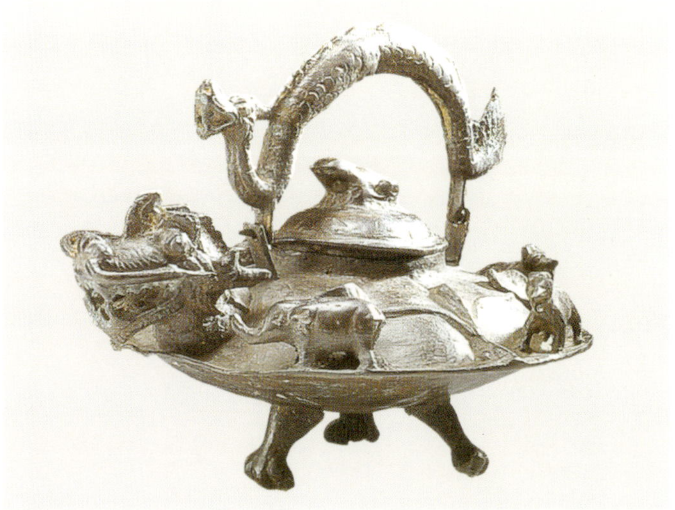

용문 동제 주전자 말레이시아 18C
Dragon patterned bronze kettle, 18C, Malaysia

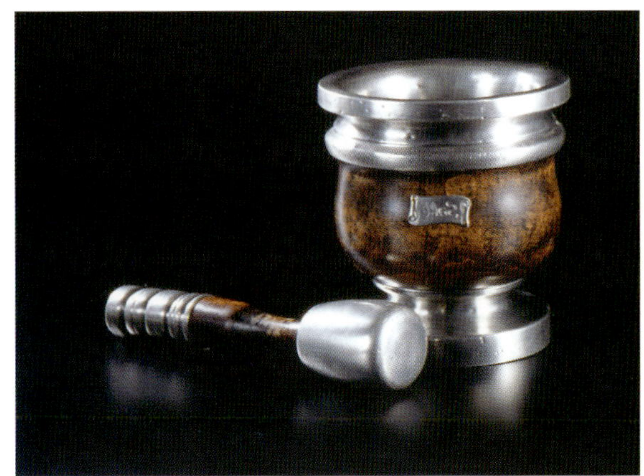

약절구, 약봉 스페인 17C
Medicine mortar, Pestle, 17C, Spain

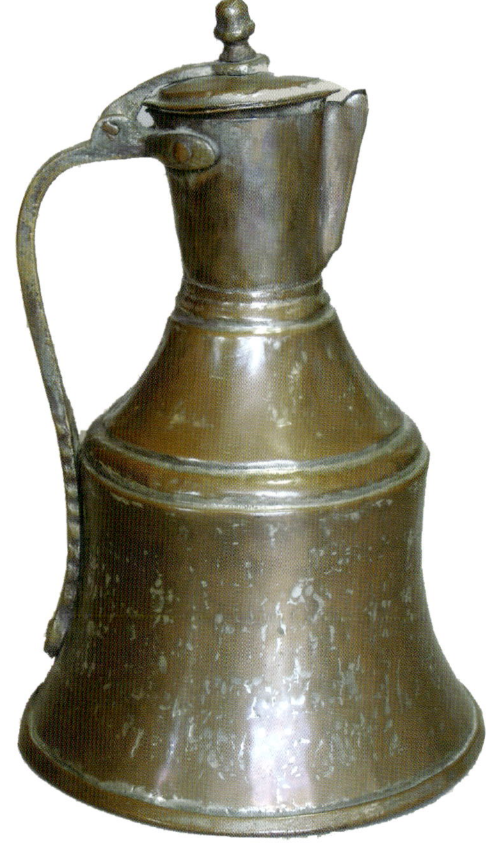

동제 주전자 프랑스 18C
Copper pot, 18C, France

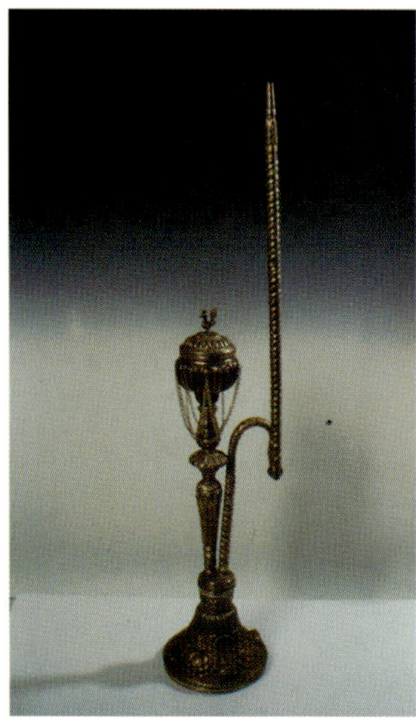

은물담배파이프 인도 17C
Silver tobacco pipe, 17C, India

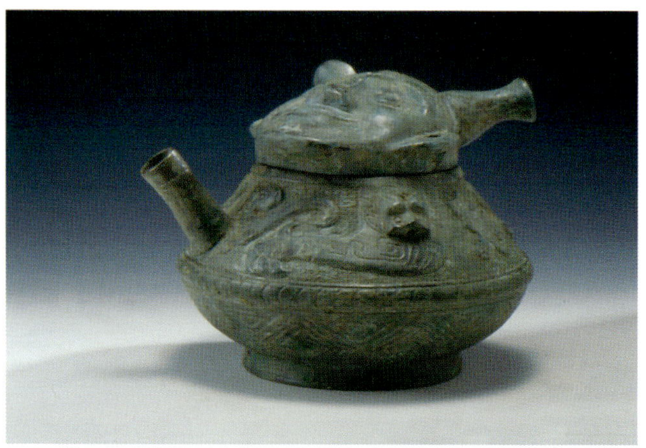

청동인물형주전자 중국 명대
Bronze pot in a human figure, Ming, China

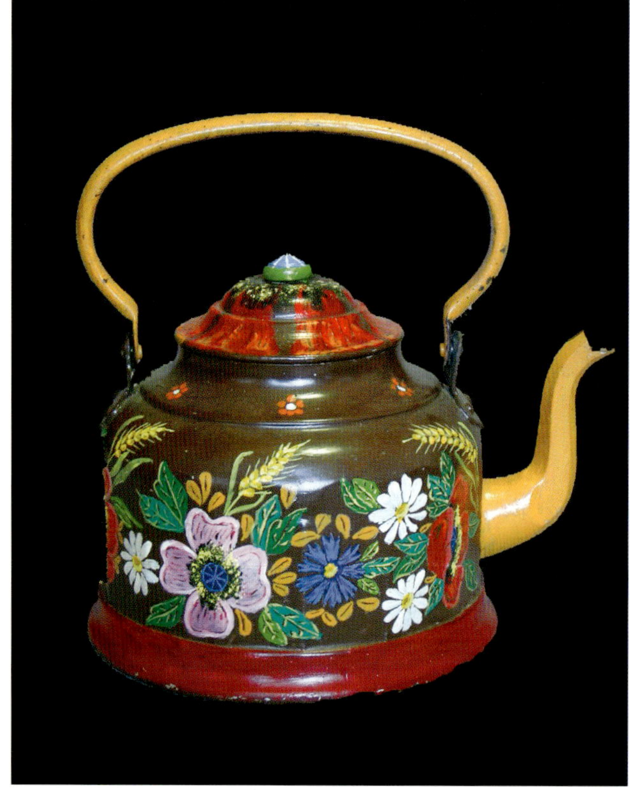

꽃무늬 주전자 독일 18C
Flower patterned kettle, 18C, Germany

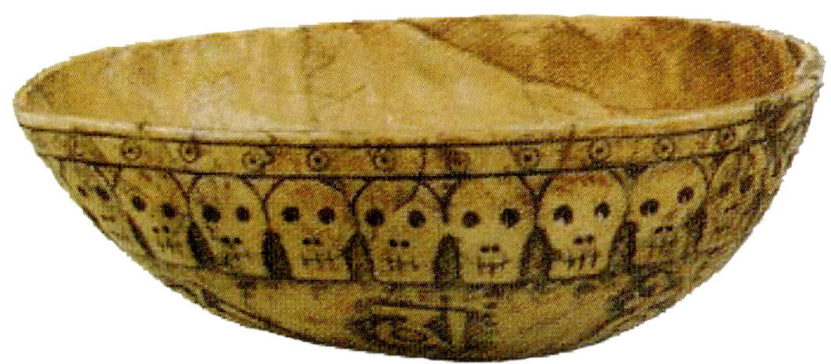

해골외피 불문바가지 티벳 14C
Bowl made from human skeleton, 14C, Tibet

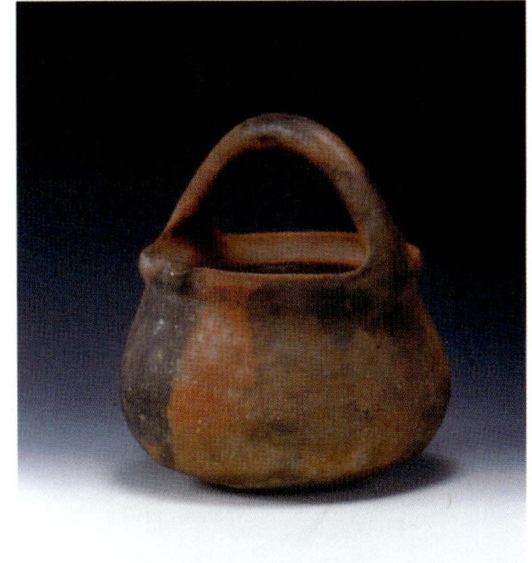

야외취사용 토기 아프가니스탄 B. C 4C
Earthen wares for cooking outdoors, B. C 4C,
Afghanistan

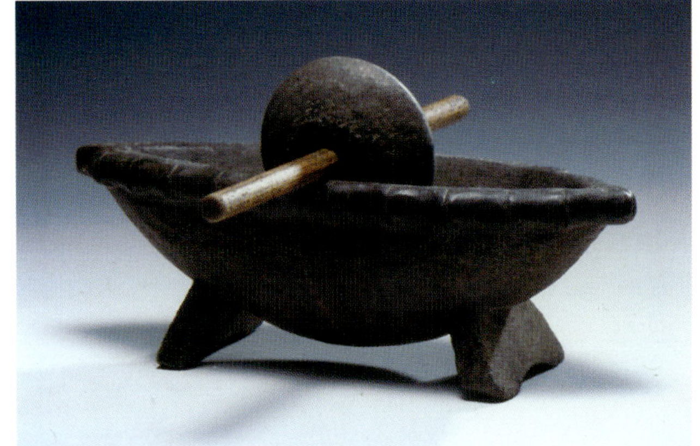

돌 약연 중국 15C
Stone tools used to make a medicines,15C, China

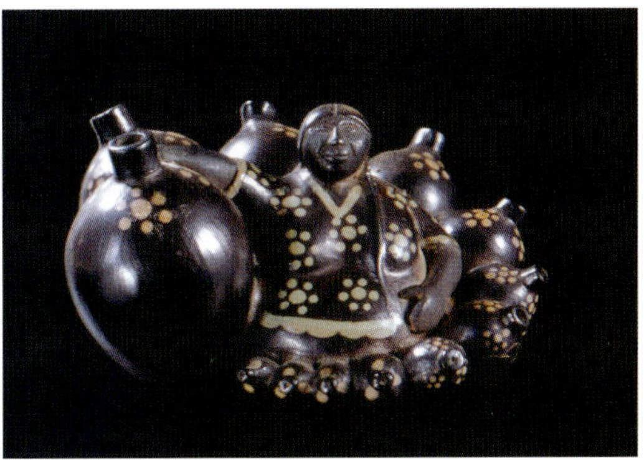

인물형도기 페루 17C
Human-shaped china, 17C, Peru

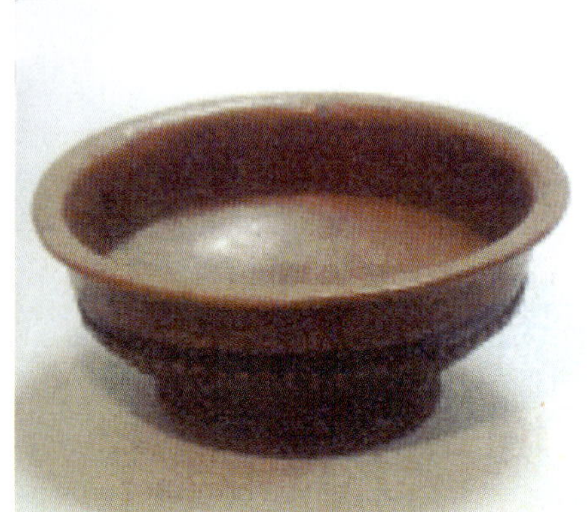

식기 몽골 17C
Bowl, 17C, Mongol

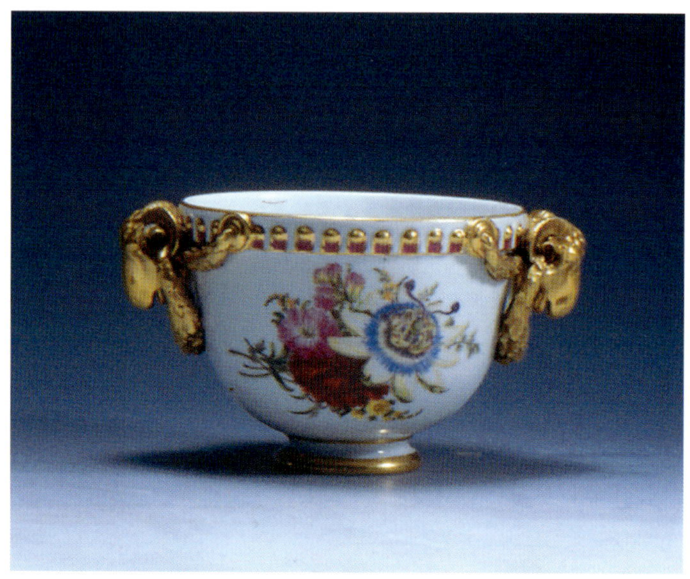

양머리손잡이도기 영국 17C
Double- handled china, 17C, England

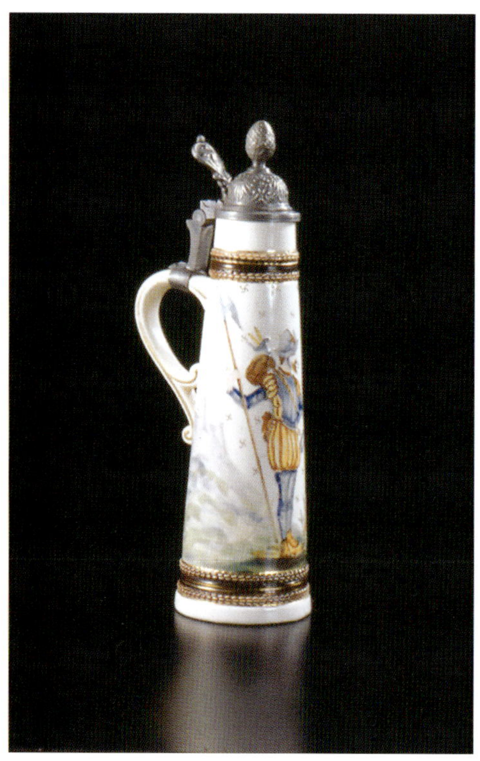

도기주전자 영국 17C
Kettle, 17C, England

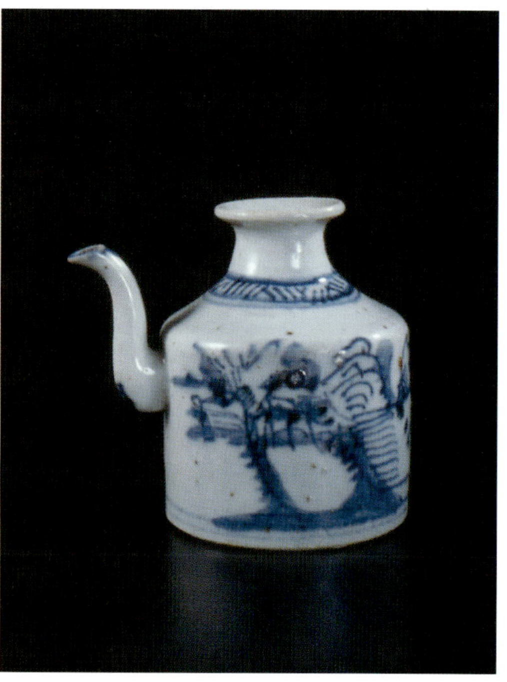

청화백자주전자 중국 명대
White china pot, Ming, China

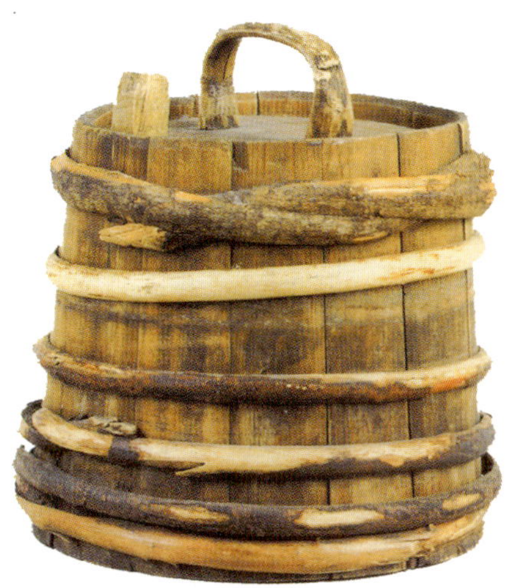

자작나무 술통 러시아 19C
Wine barrel made with white birches, 19C, Russia

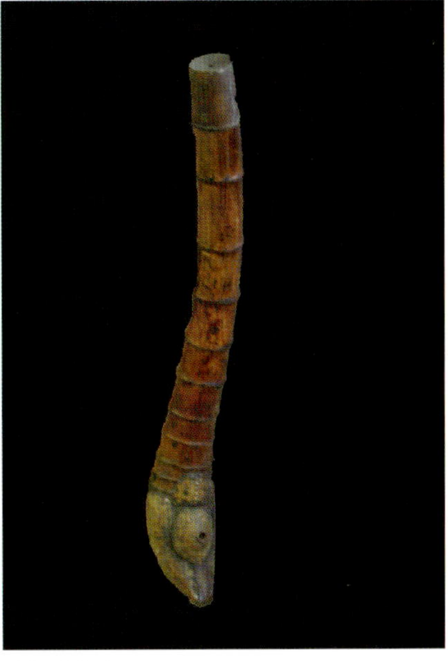

아편담뱃대 태국 17C
Opium-smoking pipe, 17C, Thailand

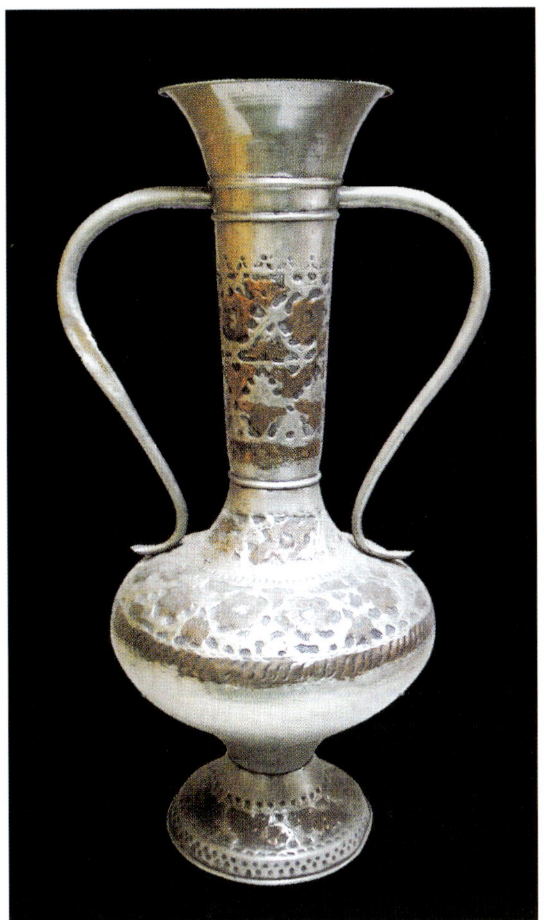

화문금속화병 이탈리아 17C
Metallic flower vase with flower patterned decoration, 17C, Italy

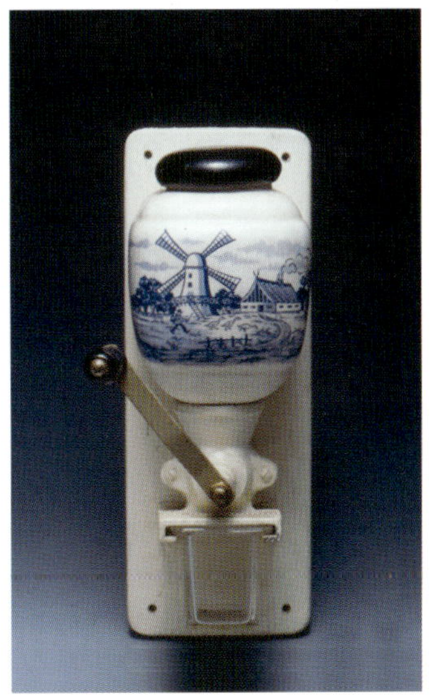

커피분쇄기 네덜란드 18C
Coffee grinder, 18C Netherlands

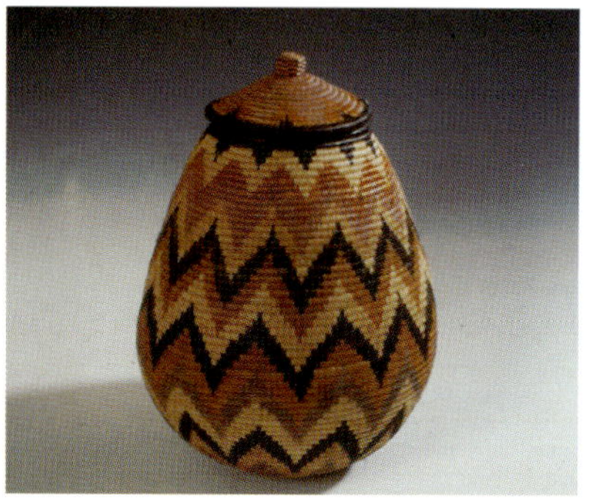

풀로 만든 항아리 남아프리카공화국 18C
Pot made with grass, 18C, Republic of South Africa

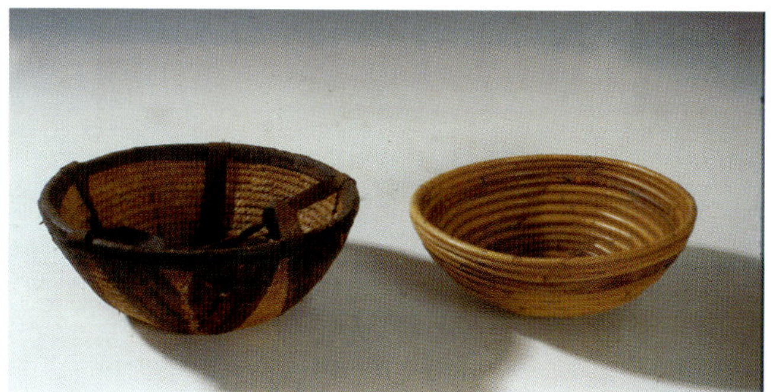

바구니 나이지리아 18C
Basket, 18C, Nigeria

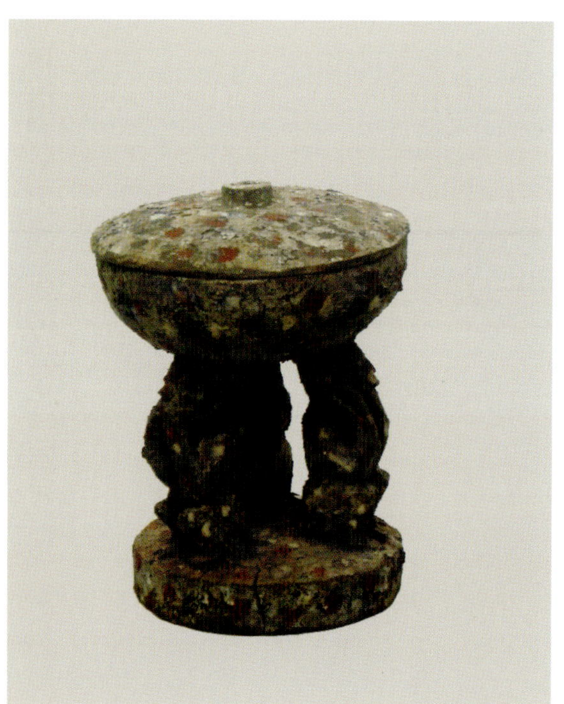

채색단지 가나 16C
Colored pot, 16C, Ghana

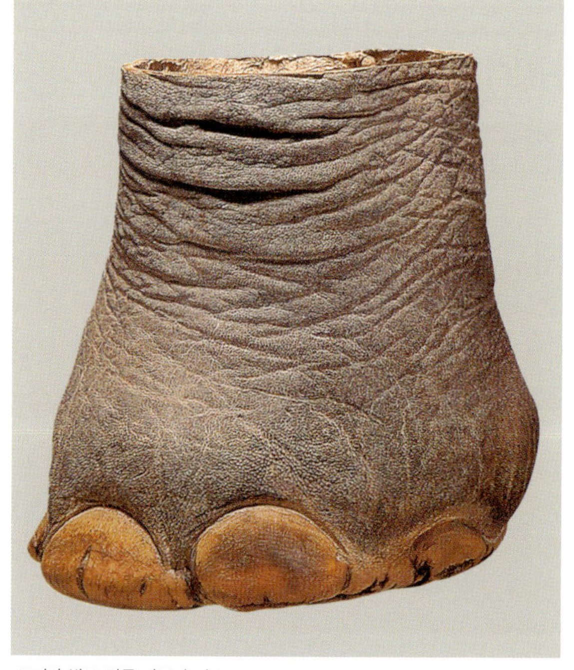

코끼리 발로 만든 바구니 라오스 17C
Basket made from elephant foot, 17C, Laos

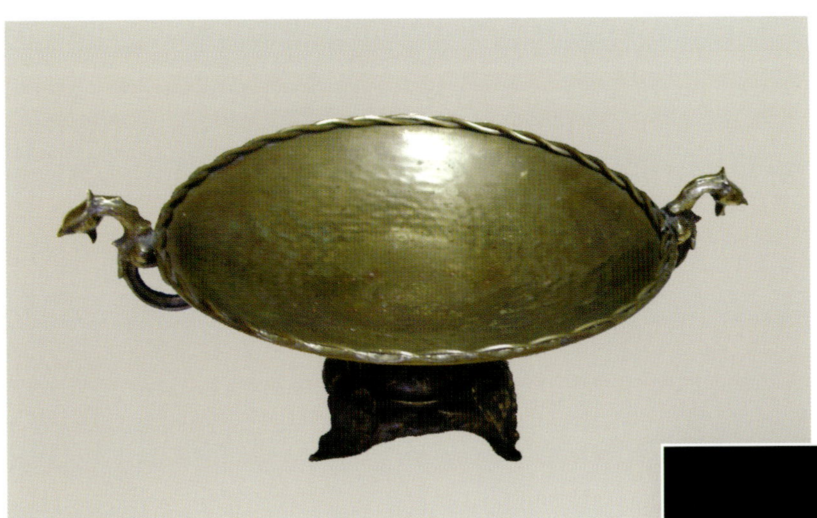

금속 식기 이탈리아 17C
Bowl, 17C, Italy

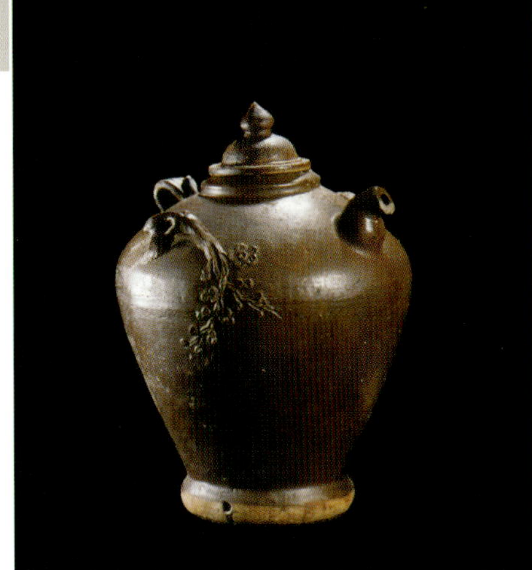

약 항아리 중국 18C
Medicine pot, 18C, China

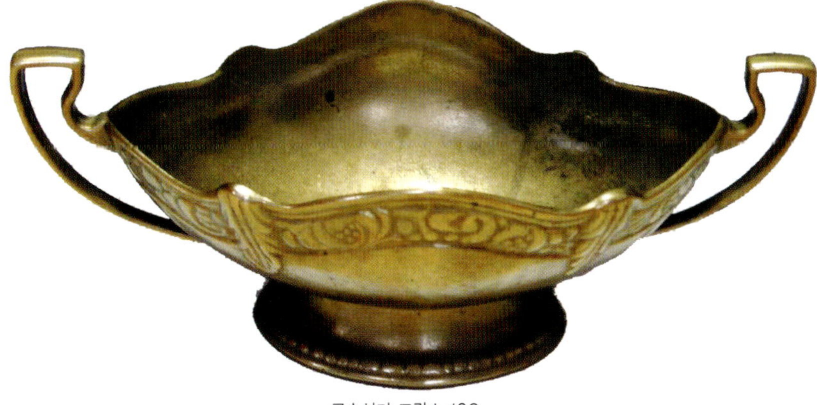

금속식기 프랑스 18C
Bowl, 18C, France

3. 주 생 활 Home Life

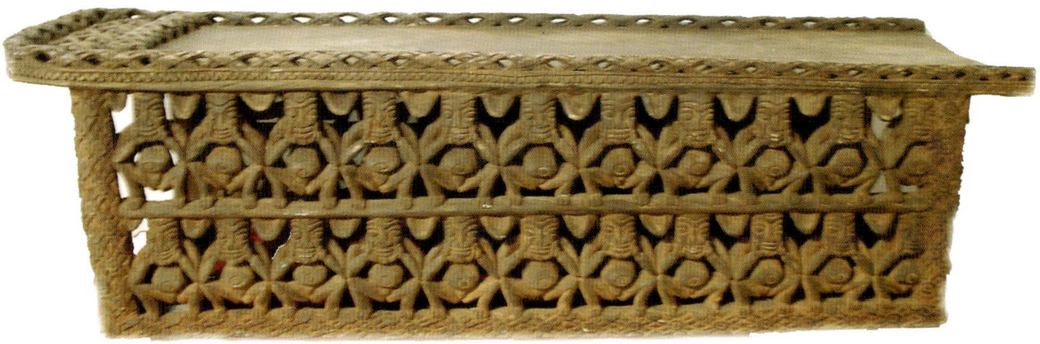

족장나무침대 카메룬 17C
The chief's bed, 17C, Cameroon

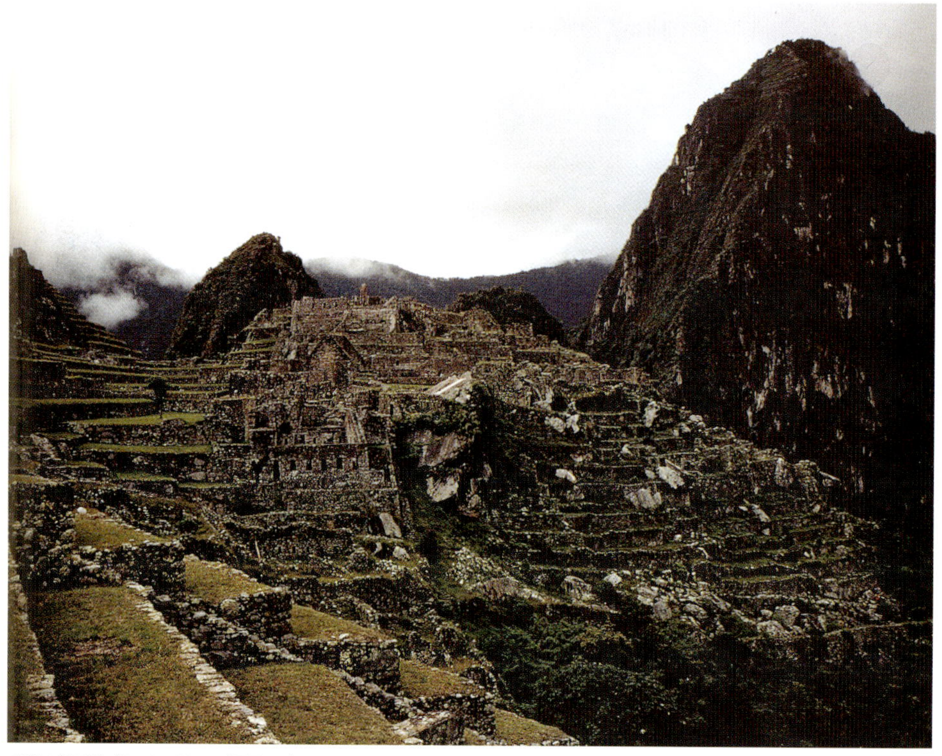

페루 마추픽추 (Machu Picchu)공중도시
A highland city in Peru

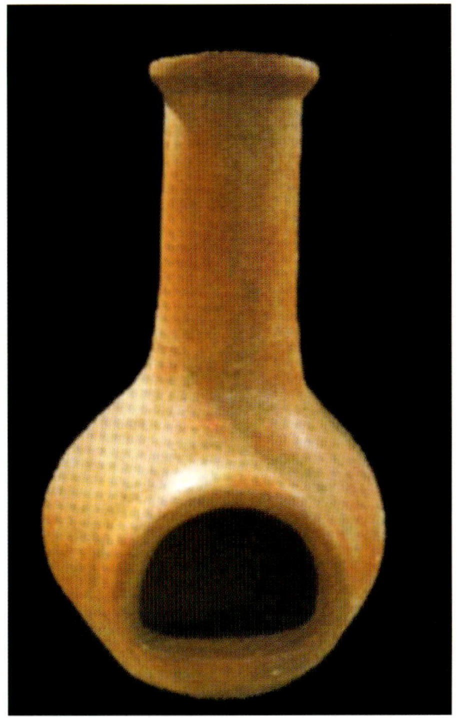

토기난로 페루 18C
Earthenware stove, 18C, Peru

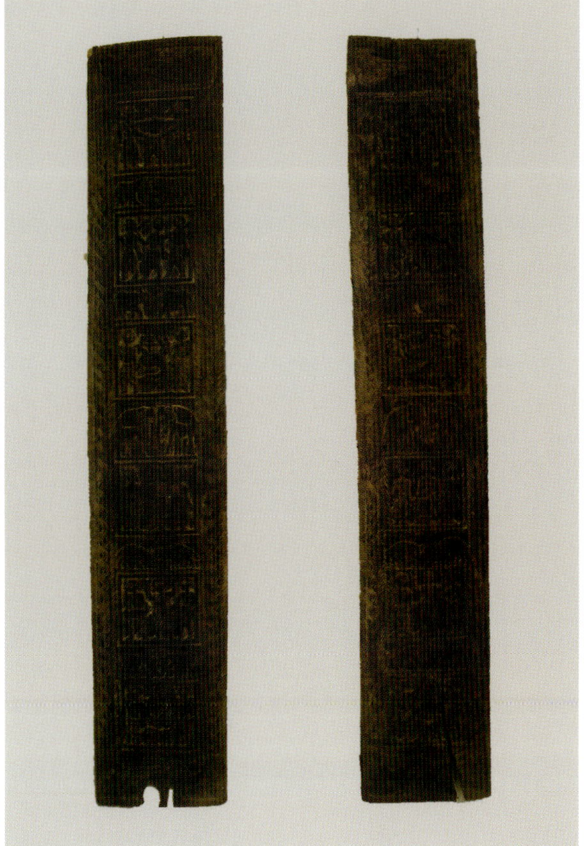

문짝 네팔 17C
Door, 17C, Nepal

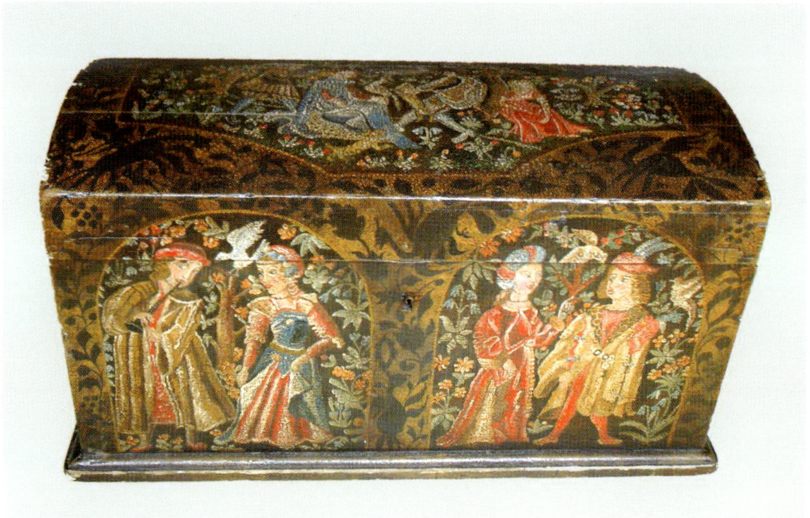

꽃, 인물그림 함 독일 16C
Flower and human patterned box, 16C, Germany

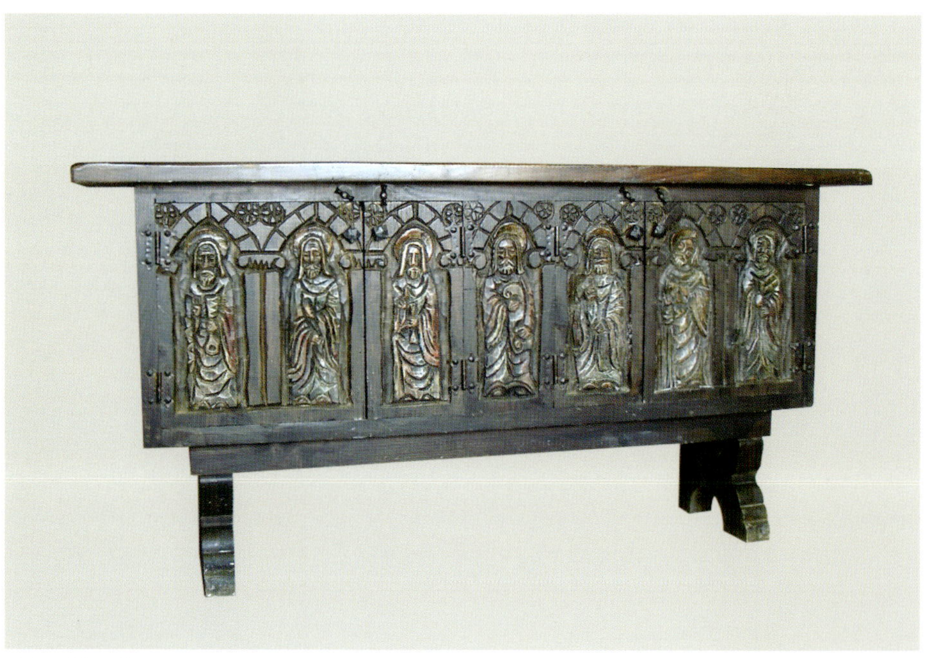

나무 조각장 스페인 17C
Wooden carved chest, 17C, Spain

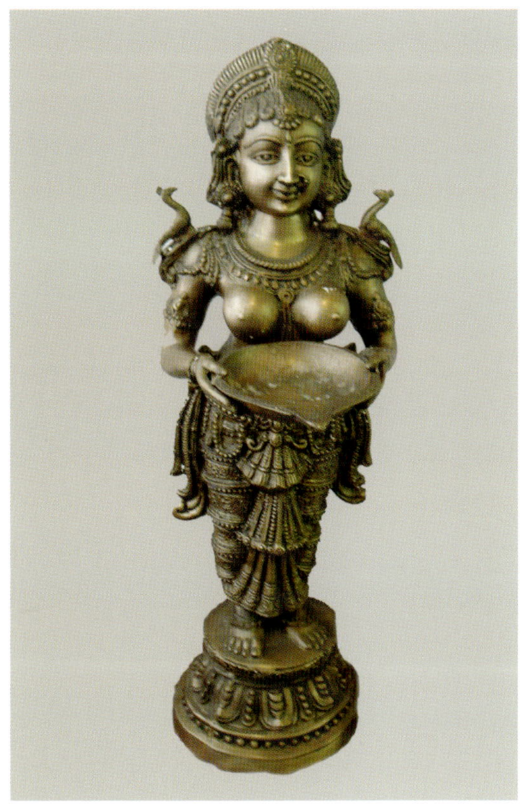

동제락시미르 램프 인도 18C
Copper Laximir lamp, 18C, India

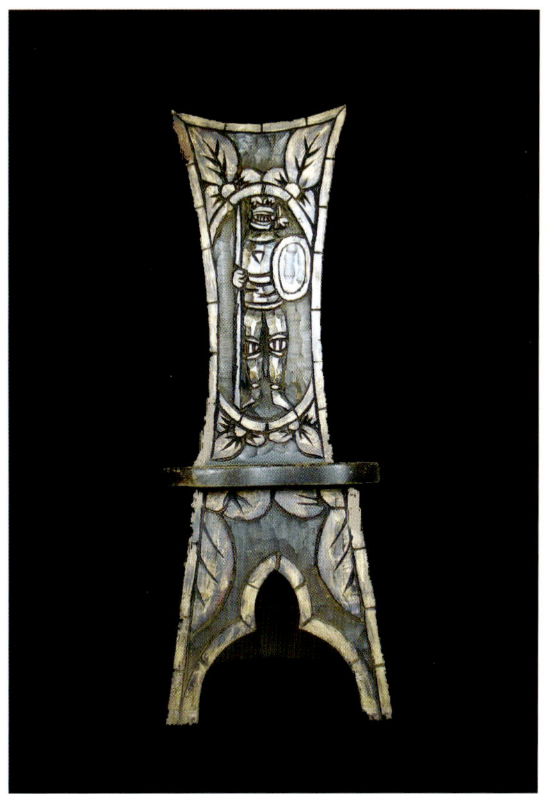

조각의자 스페인 17C
Carved chair, 17C, Spain

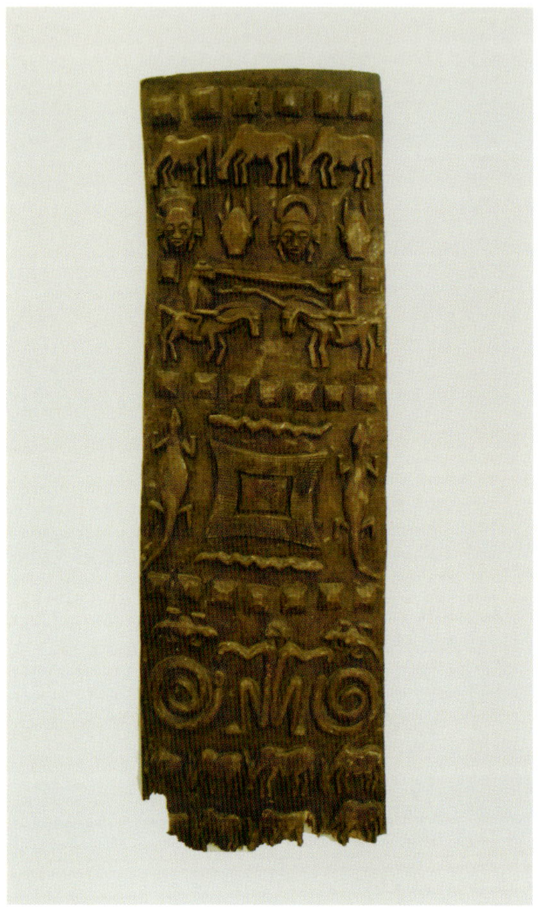

문짝 말리 17C
Door, 17C, Mali

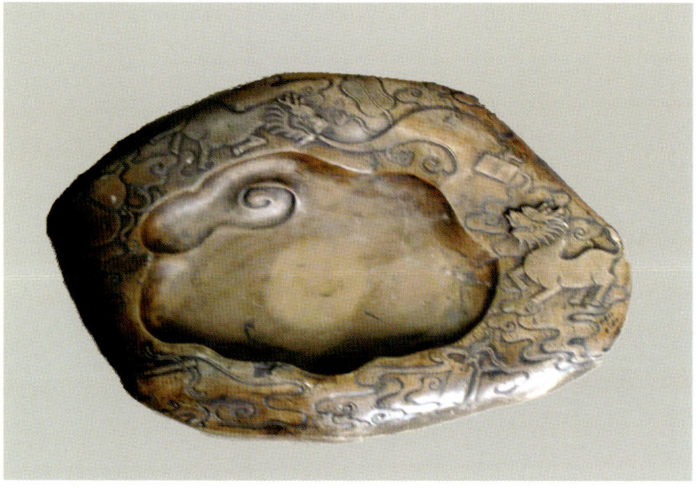

벼루 중국 17C
Chinese ink stone, 17C, China

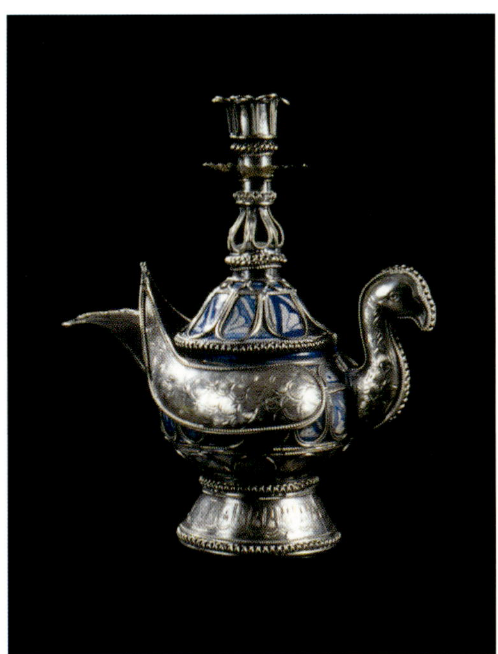

새모양촛대 모로코 18C
Bird-shaped candle stick, 18C, Morocco

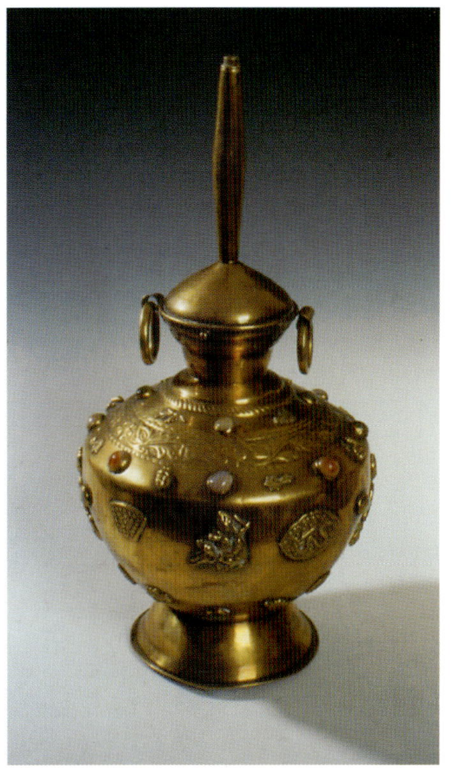

보석가공동제등잔 인도 18C
Copper candle stick with Jewels, 18C, India

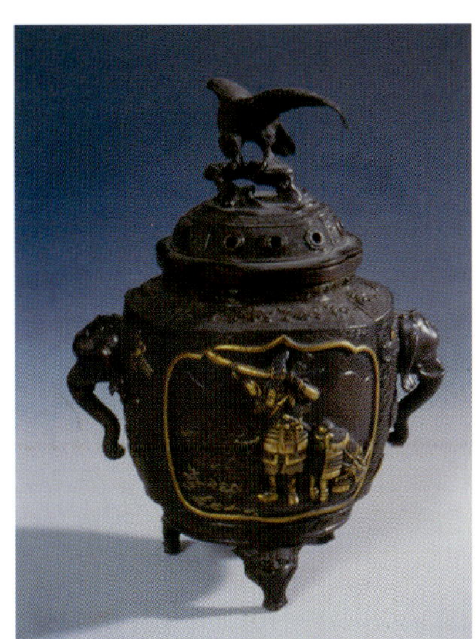

장군그림 두귀손잡이 향로 일본 17C
Double-handled pot with the picture of a general, 17C, Japan

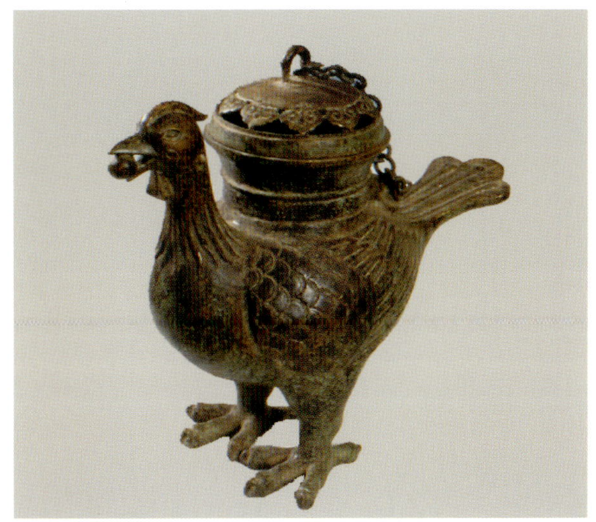

새모양 향로 중국 16C
Bird-shaped cense, 16C, China

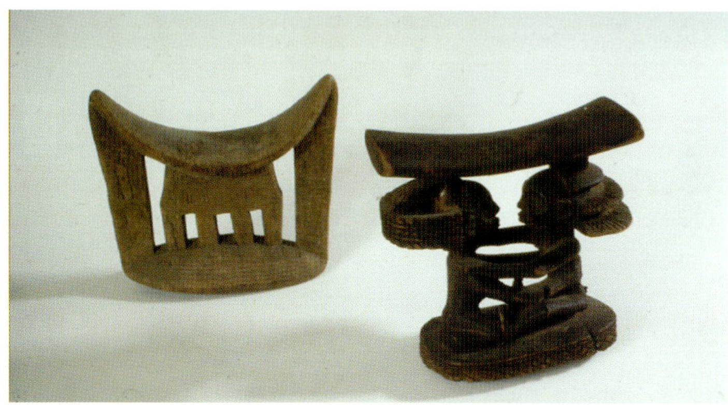

퇴침 말리 17C
Wooden pillows, 17C, Mali

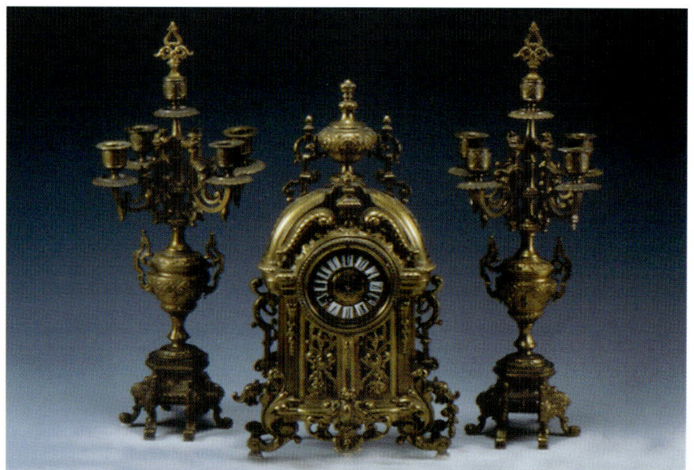

금속촛대시계 독일 17C
Metallic candlestick watch, 17C, Germany

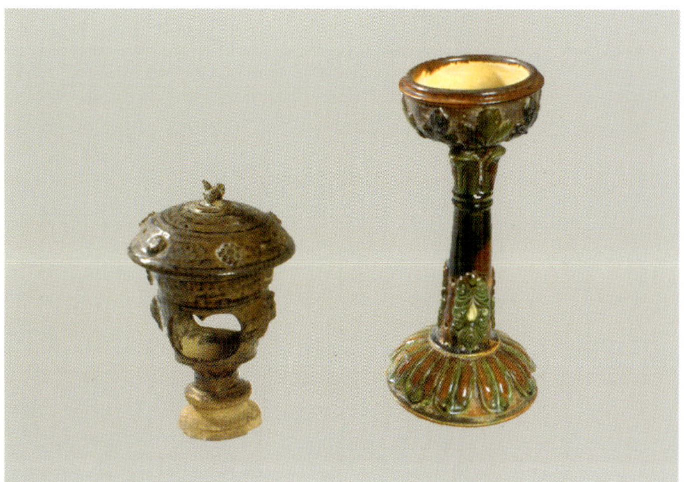

당삼채도기등잔 중국 당대
Lamp oil container, Tang, China

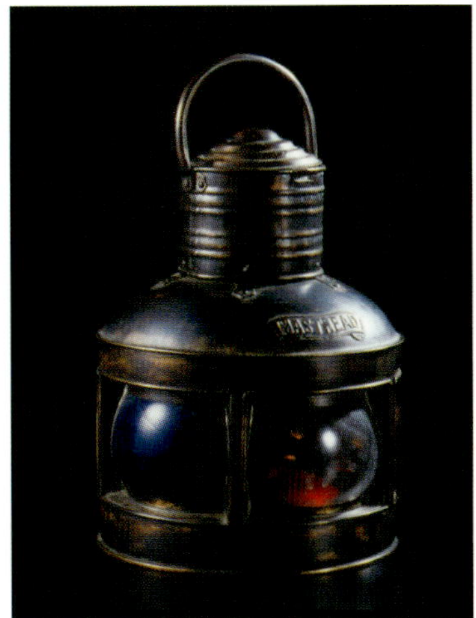

철도신호유도등 영국 18C
Derivation lights for railway signals, 18C,
England

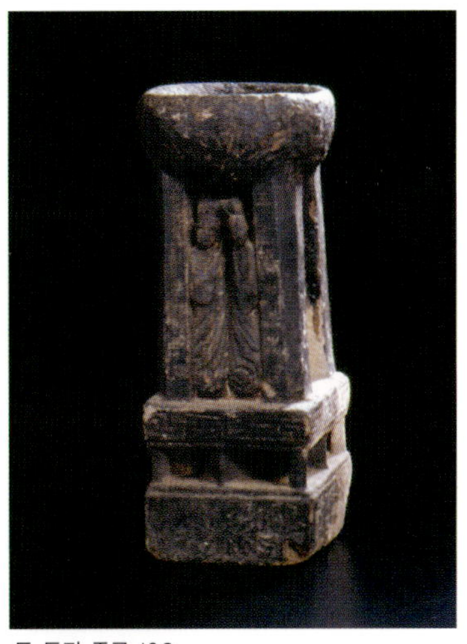

돌 등잔 중국 13C
Lamp oil container, 13C, China

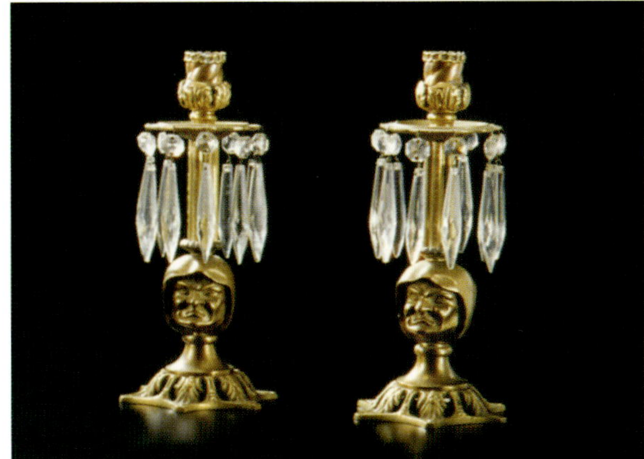

인물형 촛대 파라과이 16C
Human-shaped candlestick

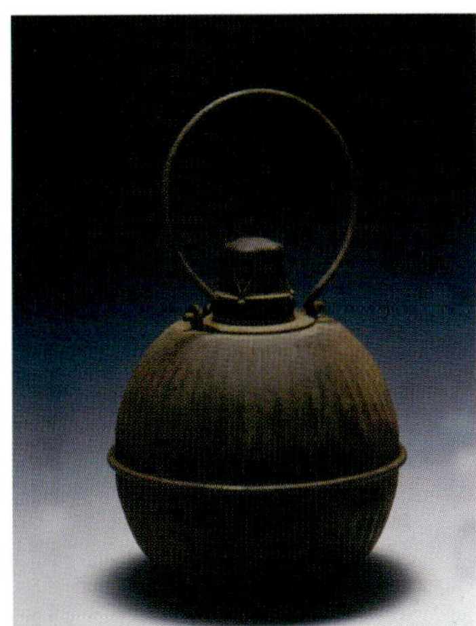

수박모양 등 일본 18C
Watermelon-shaped lamp, 18C, Japan

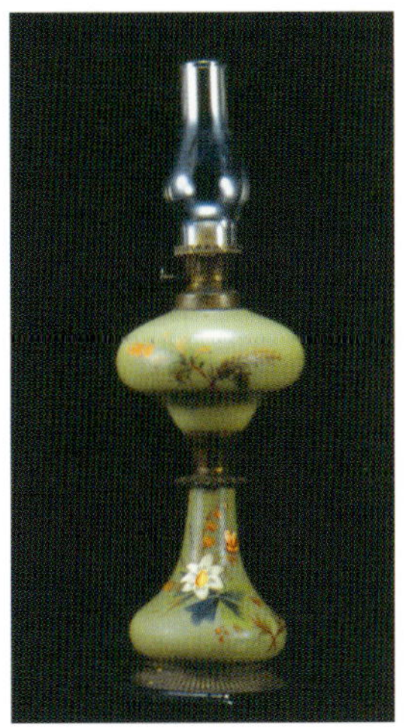

도기 등 중국 16C
China lamp, 16C, China

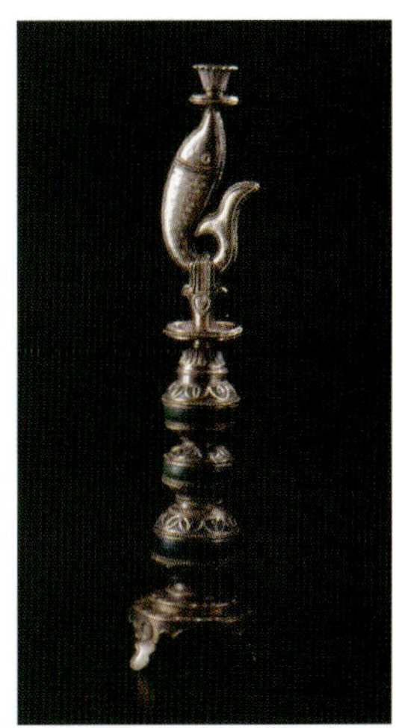

물고기모양 촛대 모로코 19C
Fish-shaped candlestick, 19C,
Morocco

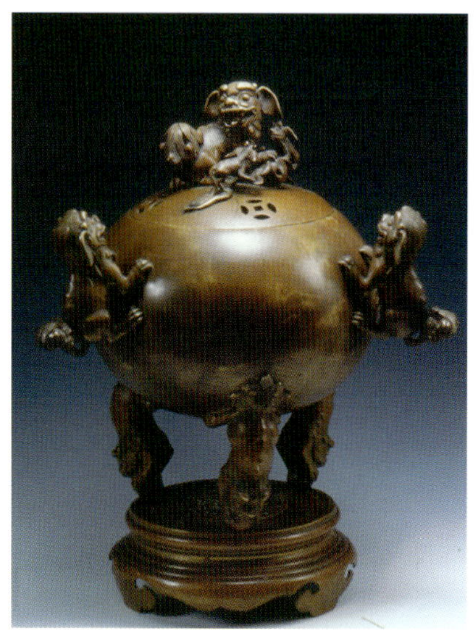

동제향로 중국 18C
Copper censer, 18C, China

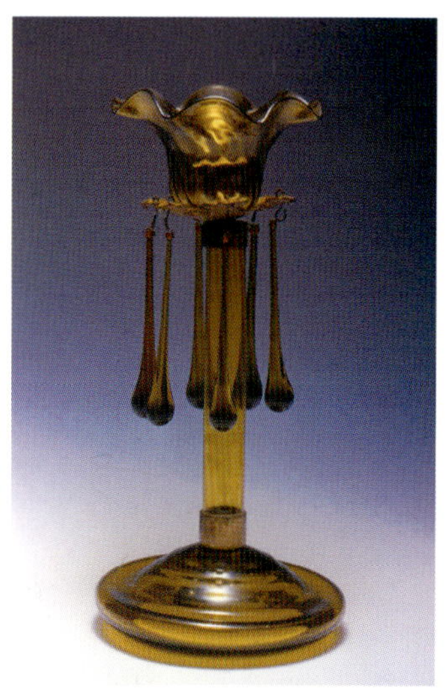

크리스탈 촛대 영국 16C
Crystal candlestick, 16C, England

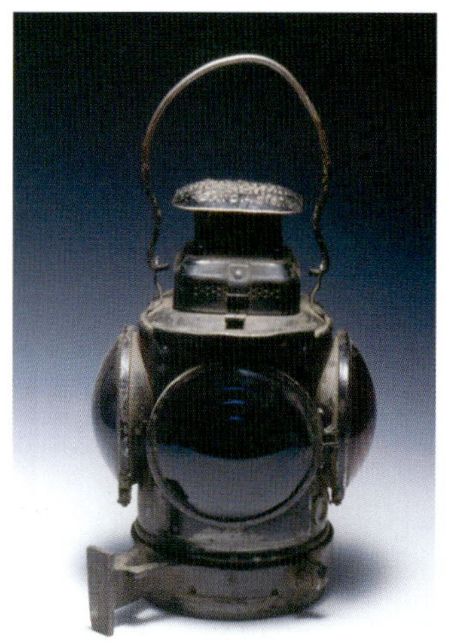

철도신호유도등 미국 19C
Derivation lights for railway signals, 19C, U.S.A

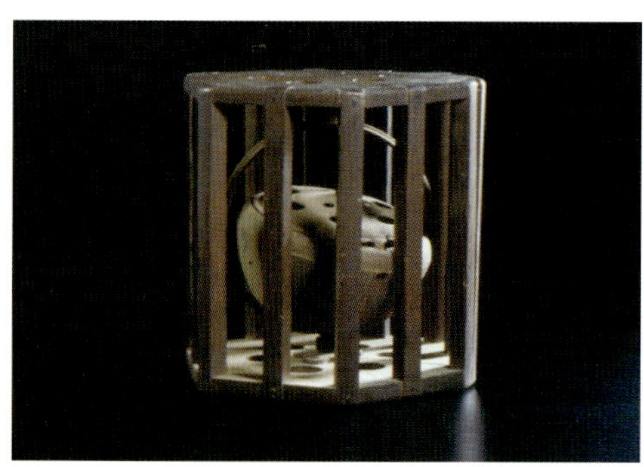

휴대용 화로 일본 18C
Portable fire pot, 18C, Japan

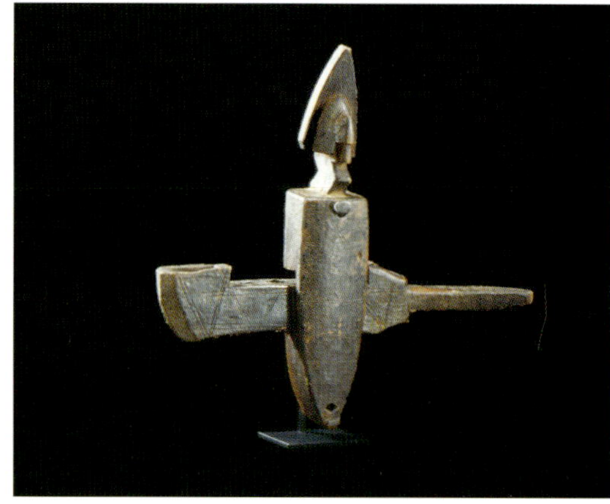

인물형 나무 빗장 말리 17C
Wooden crossbar with human shape, 17C, Mali

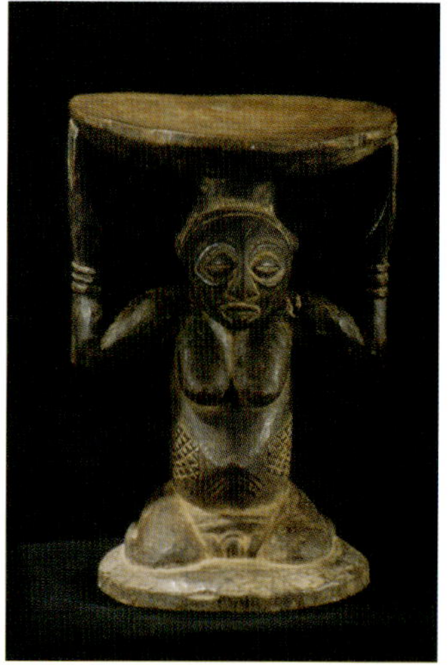

인물형나무의자 나이지리아 15C
Human-shaped wooden chair, 15C, Nigeria

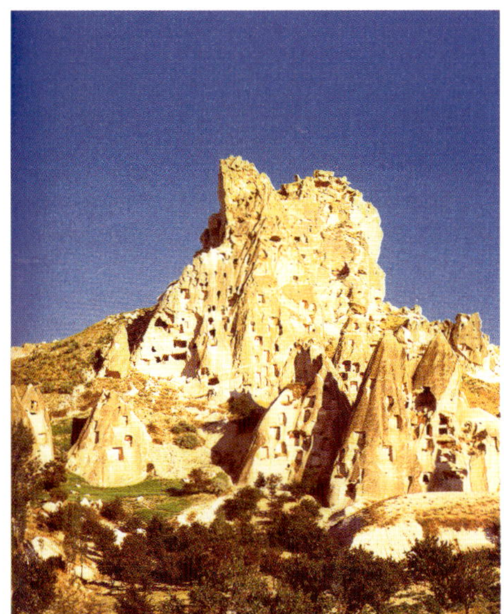

터키 카파도키아 동굴집
Turkey Cappadocia cave house

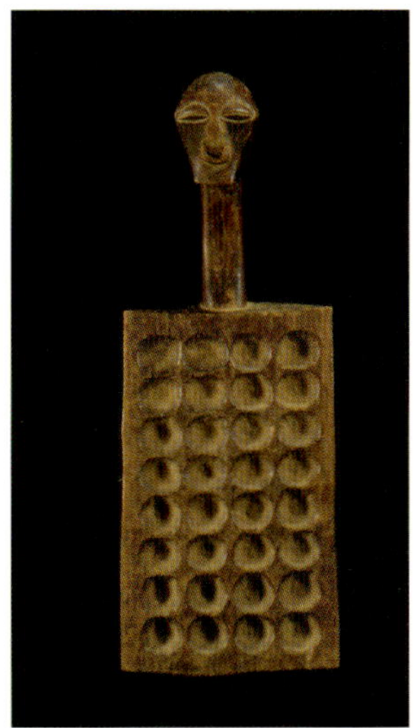

인물형 놀이기구 탄자니아 18C
Toys with human shape, 18C, Tanzania

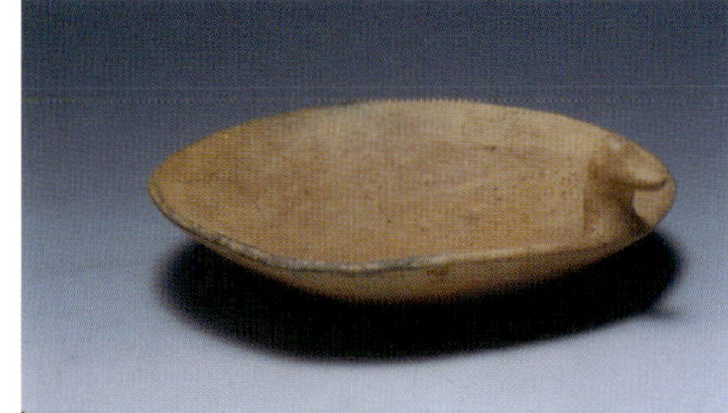

토기 등잔 페루 16C
Earthenware lamp-oil container, 16C, Peru

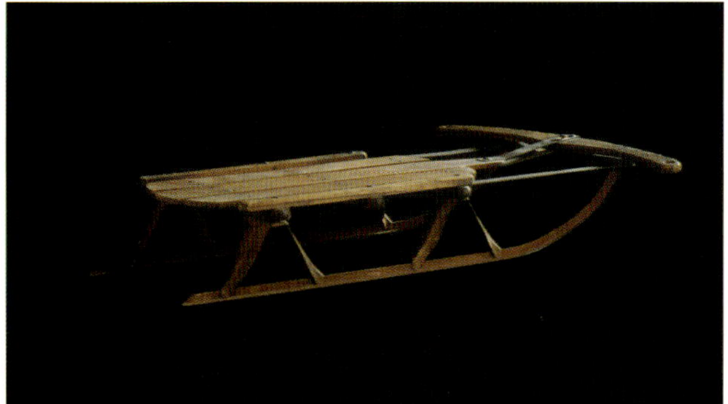

눈썰매 핀란드 19C
Sleigh, 19C, Finland

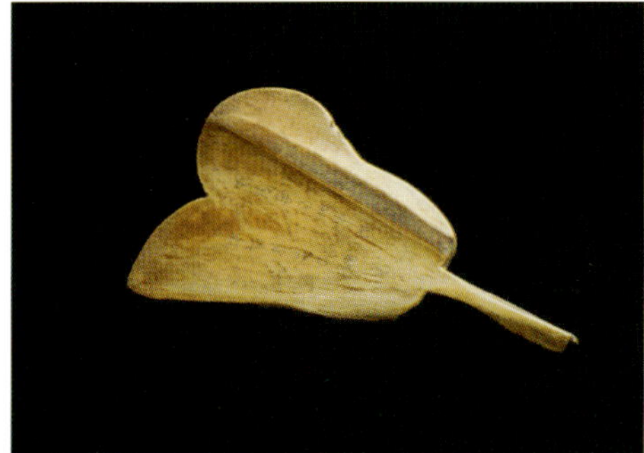

뼈 능화형 부채 중국 한대
Flower-shaped fan made with bones, Han, China

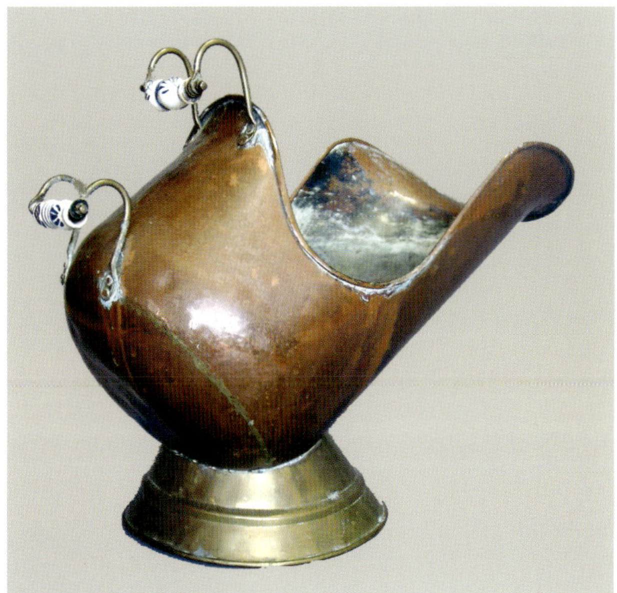

동제 통 오스트리아 18C
Copper box, 18C, Austria

4. 신앙, 세시 · 통과의례 Folkways Beliefs, Annual Folk and Passage Rite

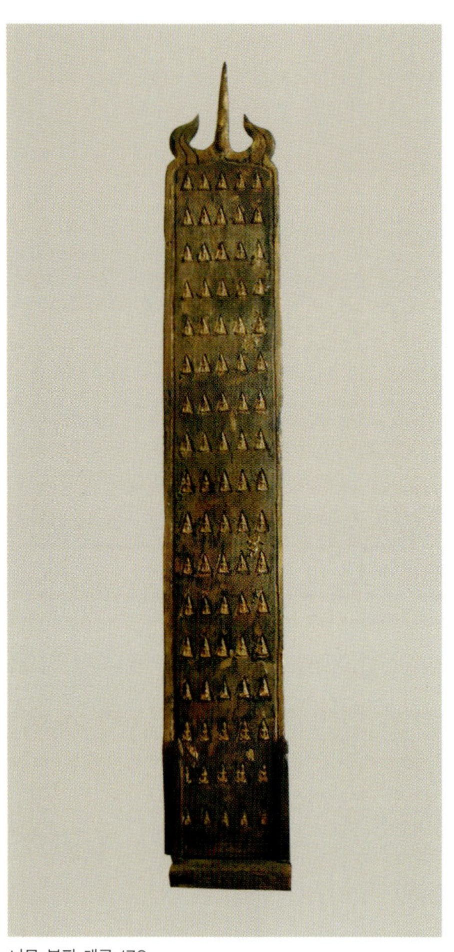

나무 불판 태국 17C
Wooden plate, 17C, Thailand

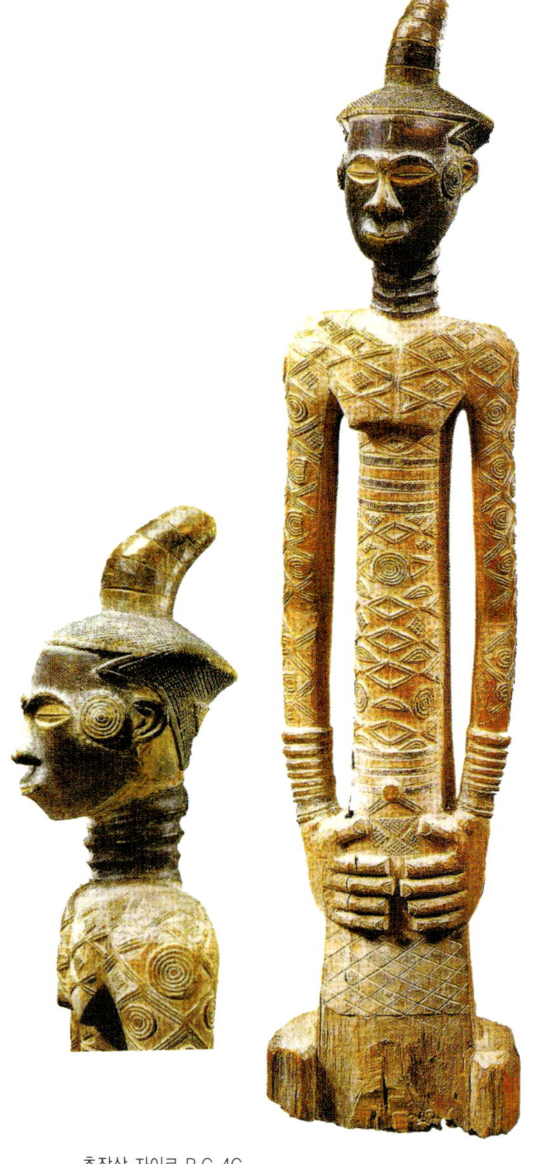

추장상 자이르 B.C 4C
Statue of chief Zaire, B.C 4C

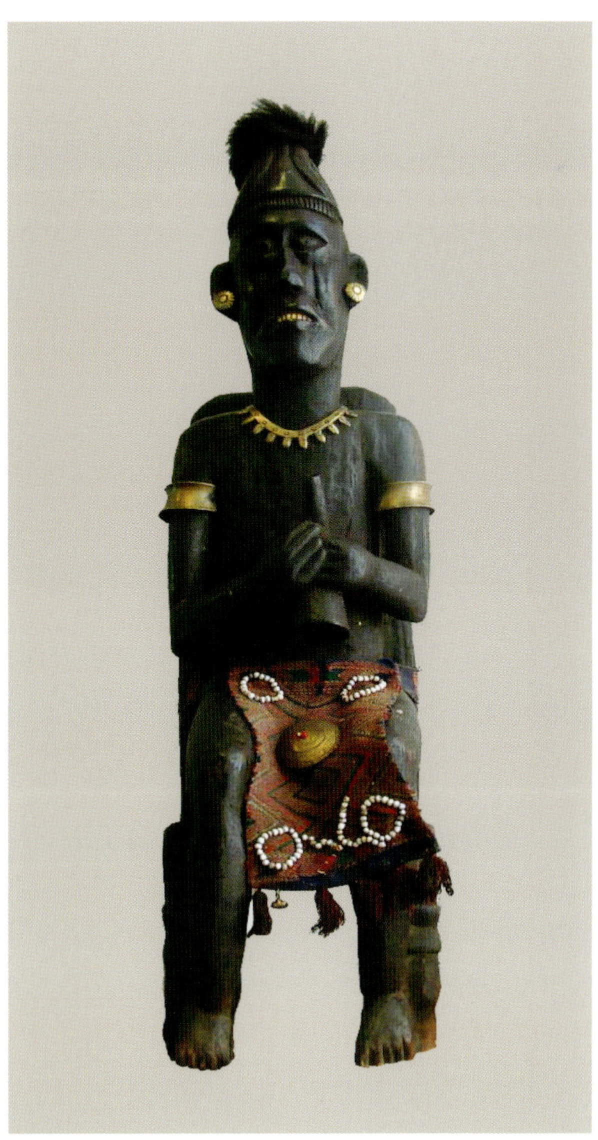

부족상 미얀마 17C
Tribe figure, 17C, Myanmar

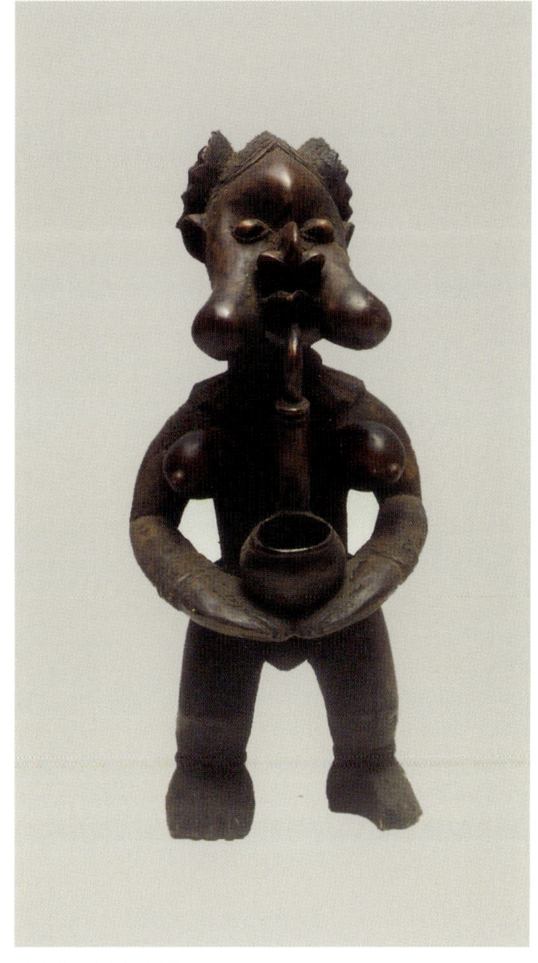

담배피는 여인상 카메룬 16C
Figure of a smoking woman 16C, Cameroon

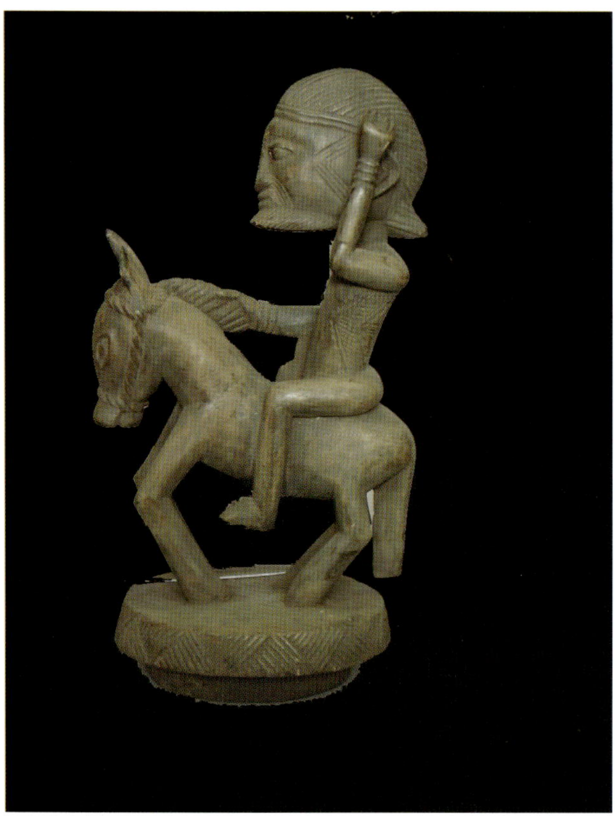

기마인물상 카메룬 16C
Figure of a person riding a horse 16C, Cameroon

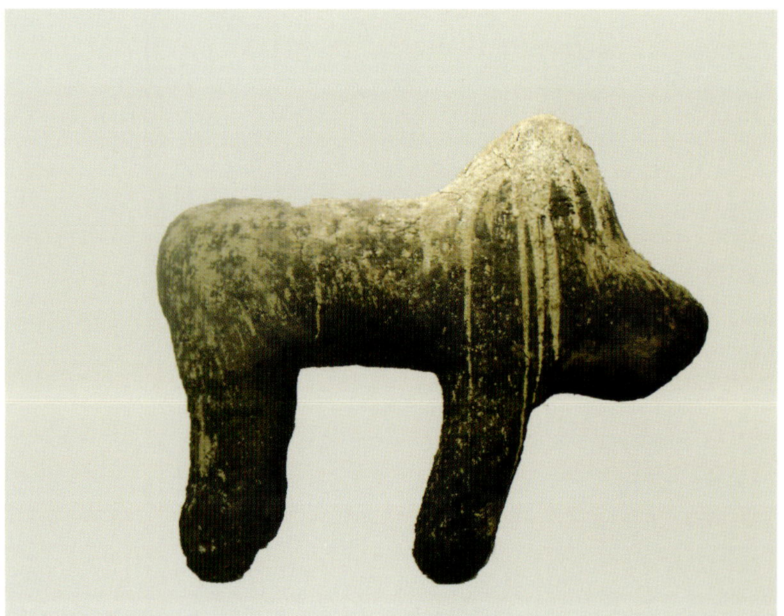

볼리 말리 13C
Clay figure, 13C, Mali

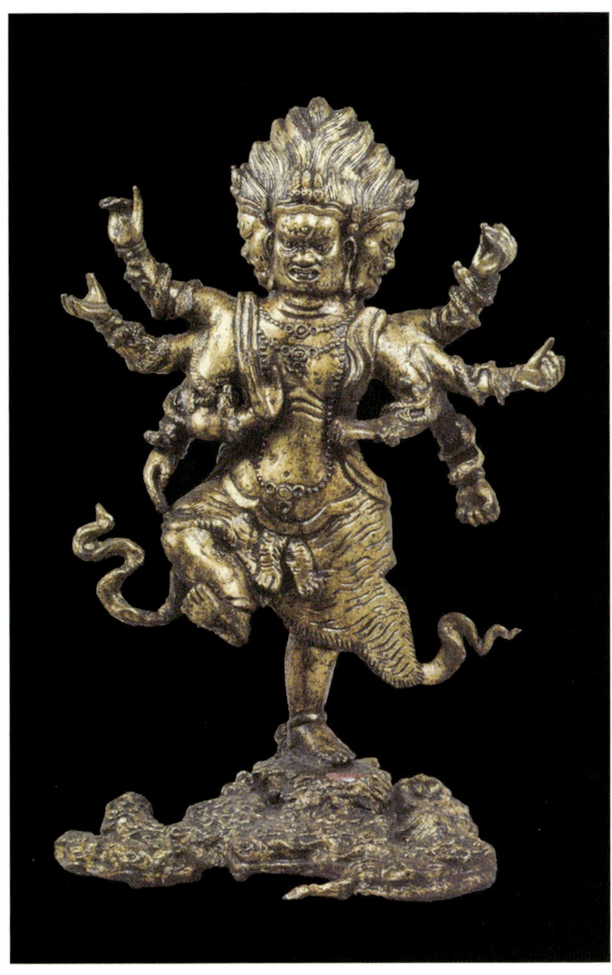

금동신상 네팔 17C
A Religious statue, 17C, Nepal

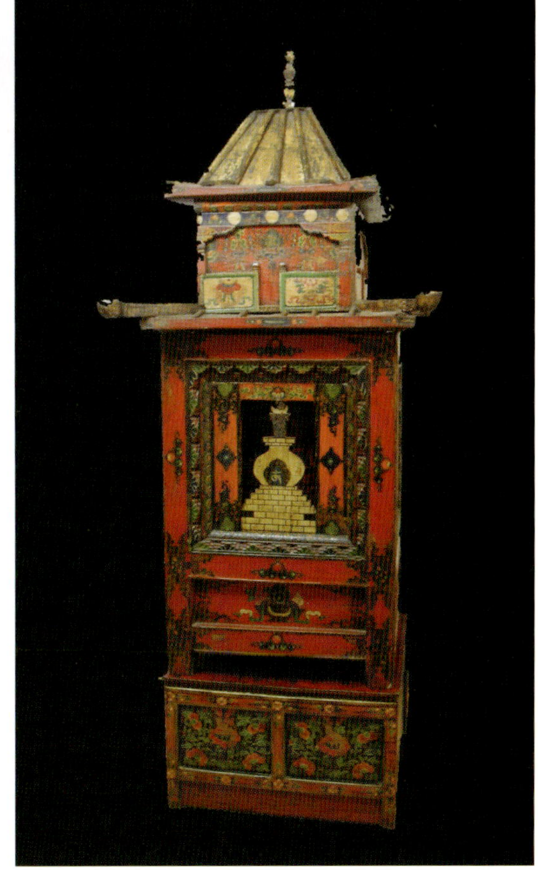

목제 불경탑 티벳 16C
Wooden pagoda of sutra, 16C, Tibet

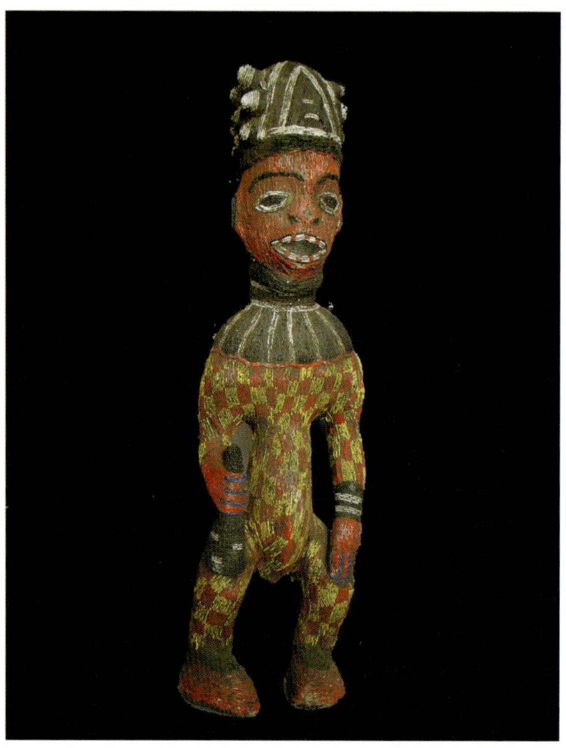

구슬 여인상 카메룬 16C
Figure of a woman decorated with beads, 16C, Cameroon

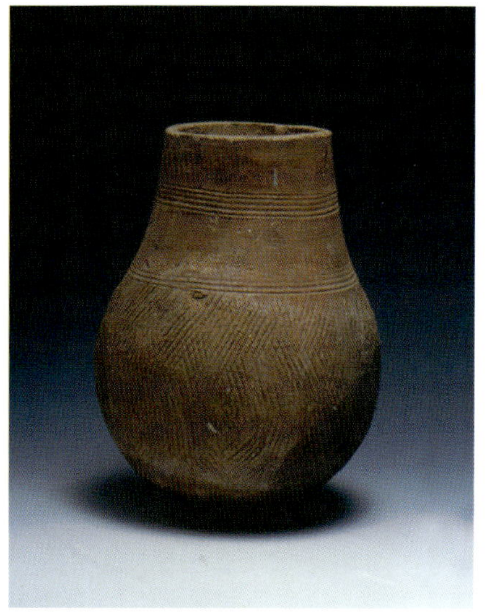

토기 뼈항아리 일본 16C
Earthenware of vase for bones, 16C, Japan

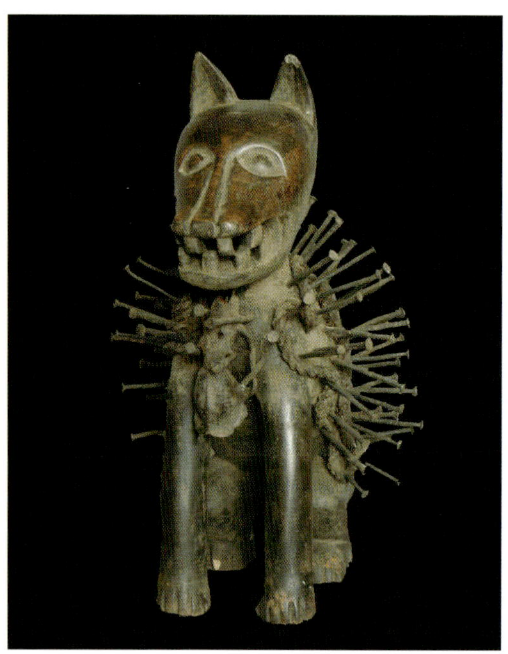

개수호신 콩고 바콩고족 16C
Guardian statue of a dog, 16C, Bacongo tribe congo

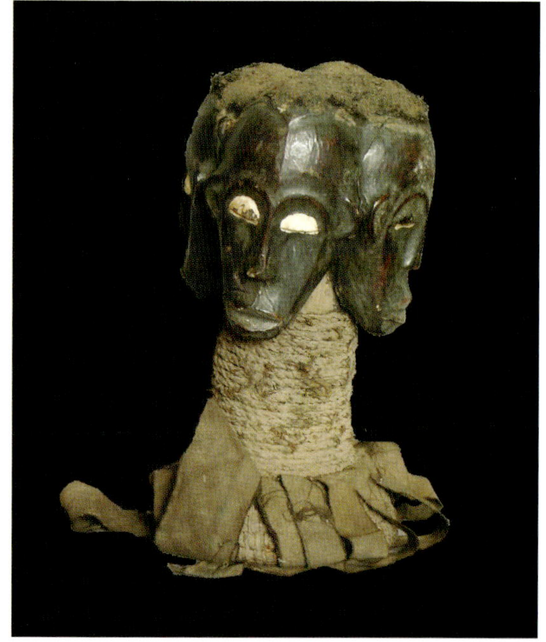

부족상 라이베리아 17C
Tribe figure, 17C, Liberia

부족상 카메룬 16C
Tribe figure, 16C, Cameroon

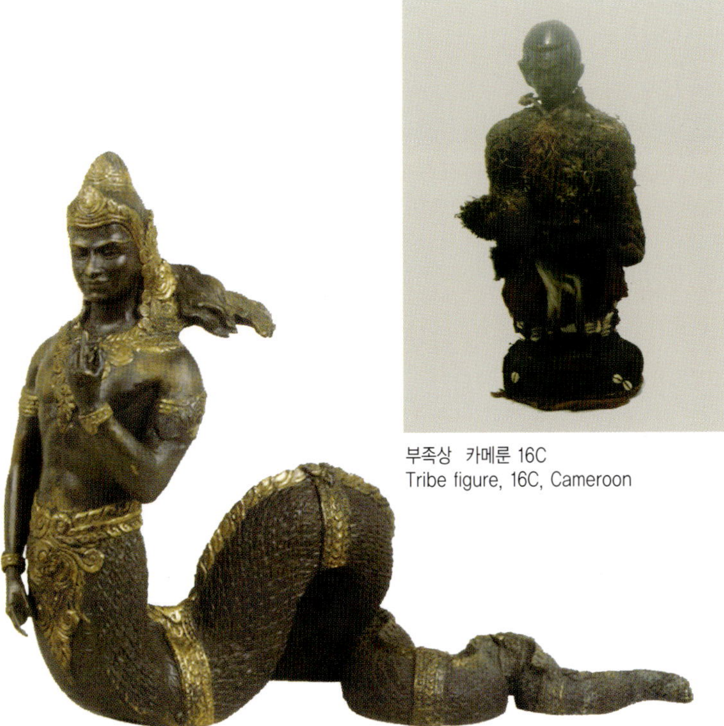

청동신상 네팔 17C
Bronze Religious statue, 17C, Nepal

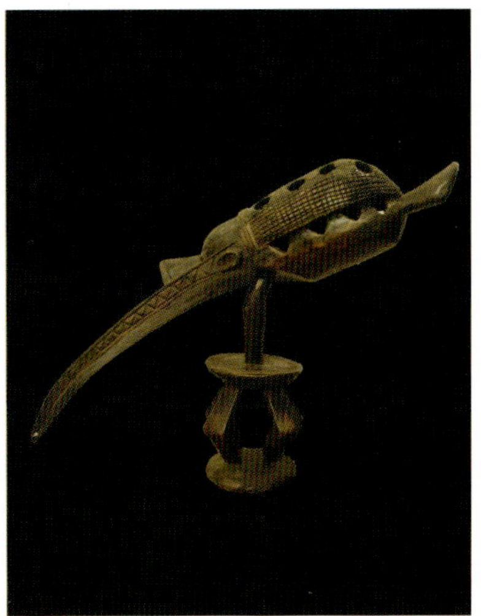

새 조각상 기니 16C
Sculptured figure of a bird, 16C, Guinea

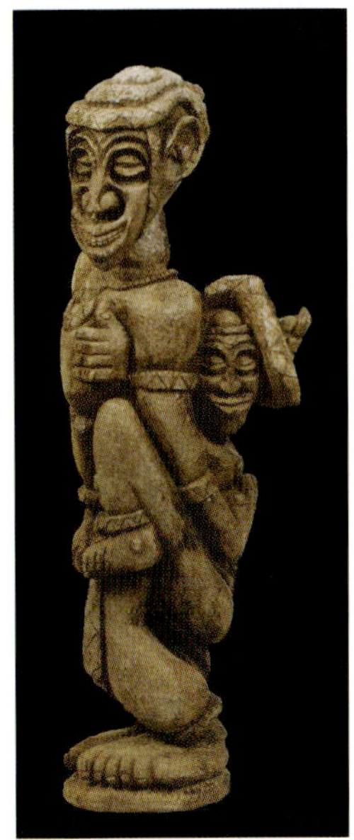

나무 모녀상 보츠와나 17C
Wooden figure of a mother and a daughter, 17C, Botswana

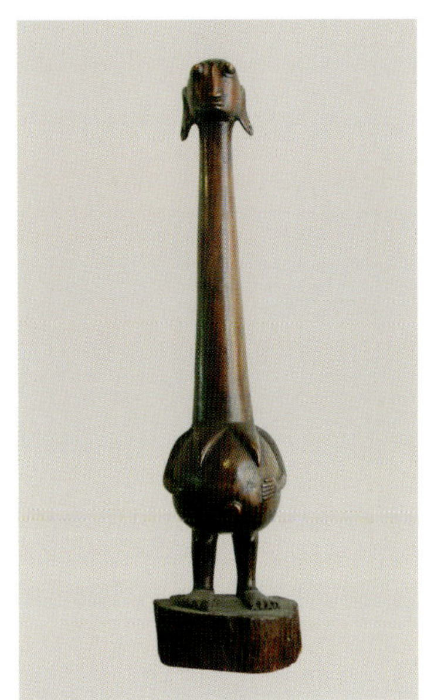

조상의 영혼상 탄자니아 18C
Figure of the ancestor's spirits, 18C, Tanzania

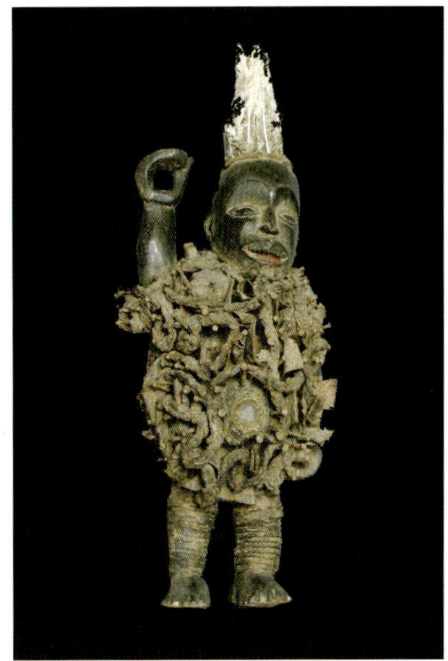

수호신 콩고 바콩고족 17C
Guardian deity, 17C, Bacongo tribe Congo

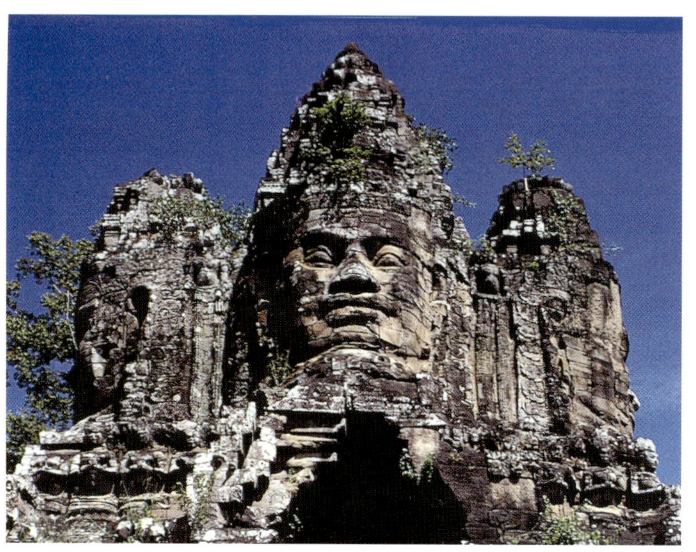

캄보디아 앙코르돔 입구 문위에 장식된 바욘상
Bayon statue which is decorated on the door of the Angkor Wat in Cambodia

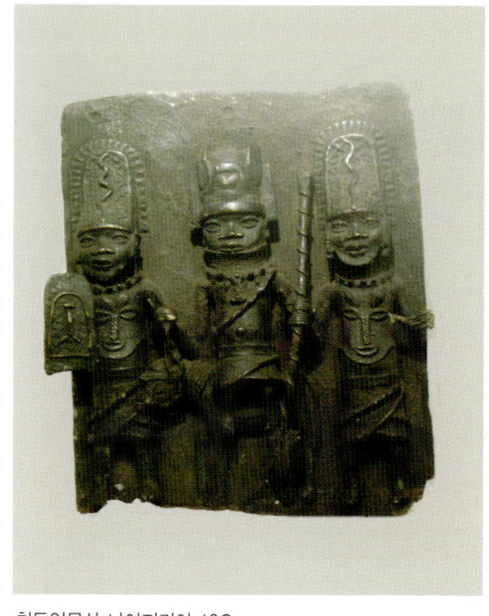

청동인물상 나이지리아 16C
Bronze figure, 16C, Nigeria

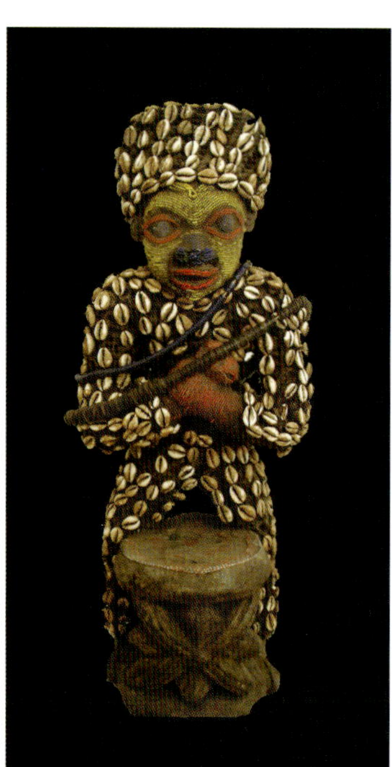

패류장식 부족상 나이지리아 16C
Figure of tribes decorated with sea shells,
16C, Nigeria

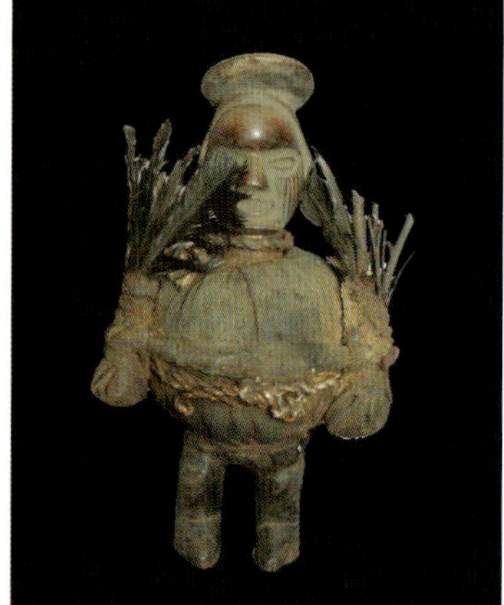

부족상 기니 16C
Tribe figure, 16C, Guinea

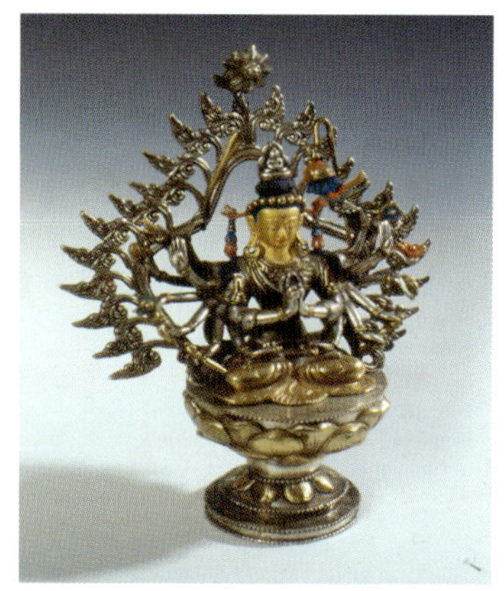

불상 네팔 18C
Buddha statue, 18C, Nepal

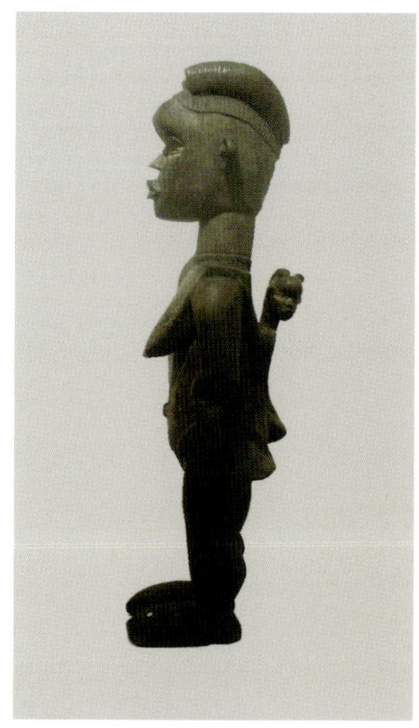

아기 업은 여인상 카메룬 16C
Figure of a woman carrying her baby on
the back, 16C, Cameroon

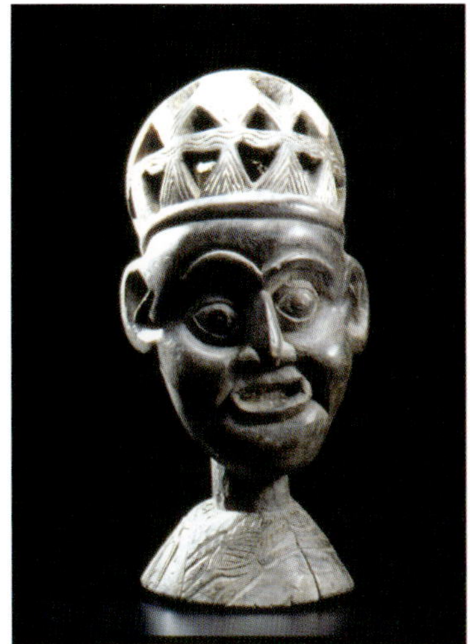

인물상 말리 17C
Figure, 17C, Mali

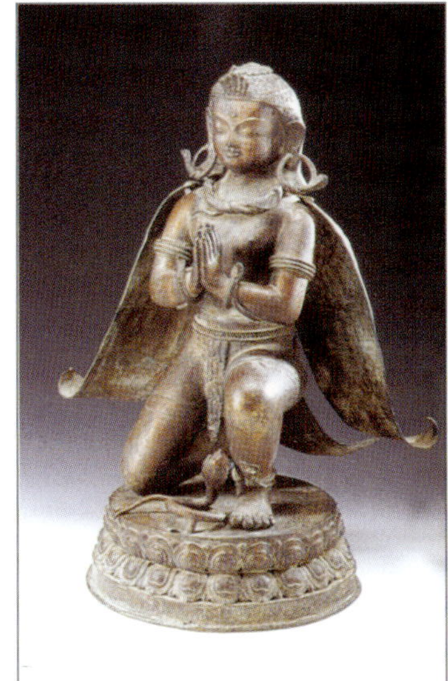

가루다 네팔 14C
A religious statue, 14C, Nepal

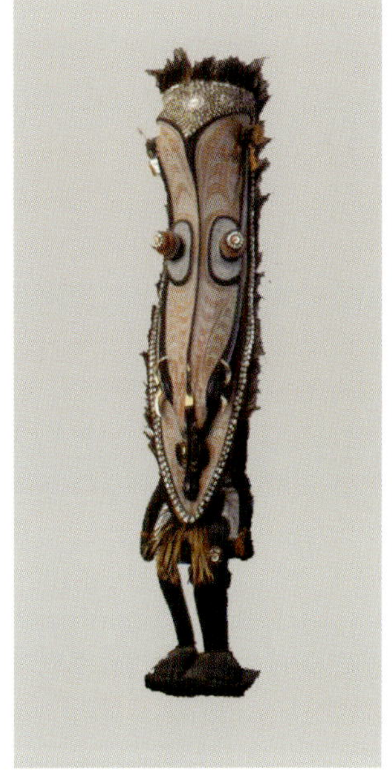

나무인물상 파푸아뉴기니 17C
Wooden figure, 17C, Papua New guinea

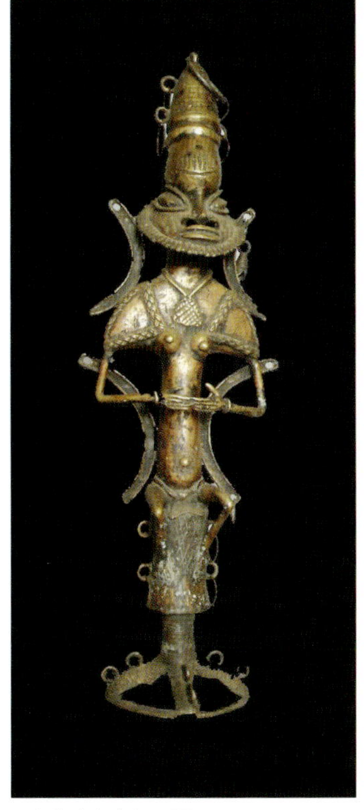

금속제 병사 말리 도곤족 17C
Metal figure of a soldier, 17C, Dogon tribe Mali

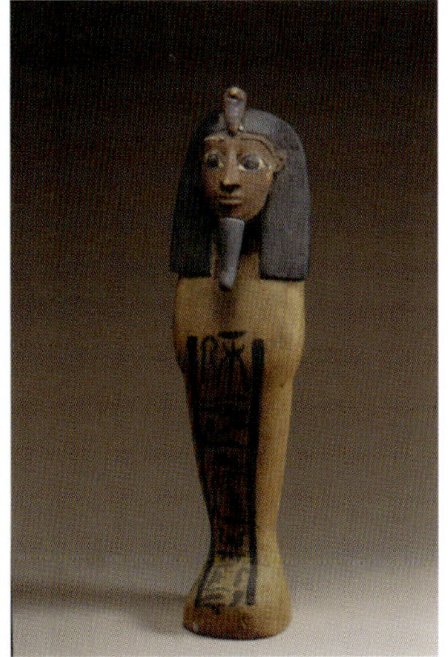

목제 미라상 이집트 13C
Wooden figure of mummy, 13C, Egypt

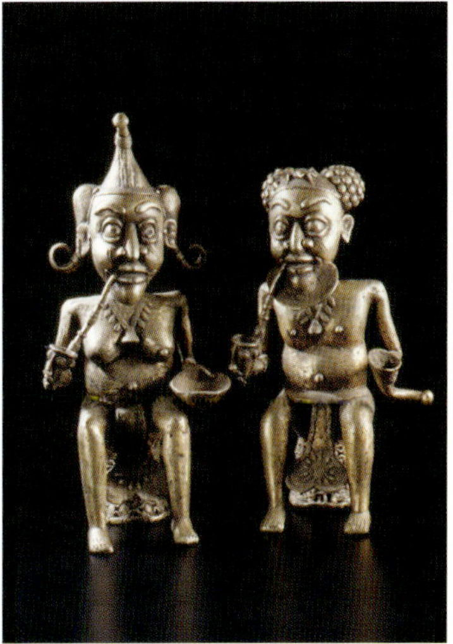

청동부부상 베넹 B.C 3C
Bronze figure of a married couple, B.C 3C, Benin

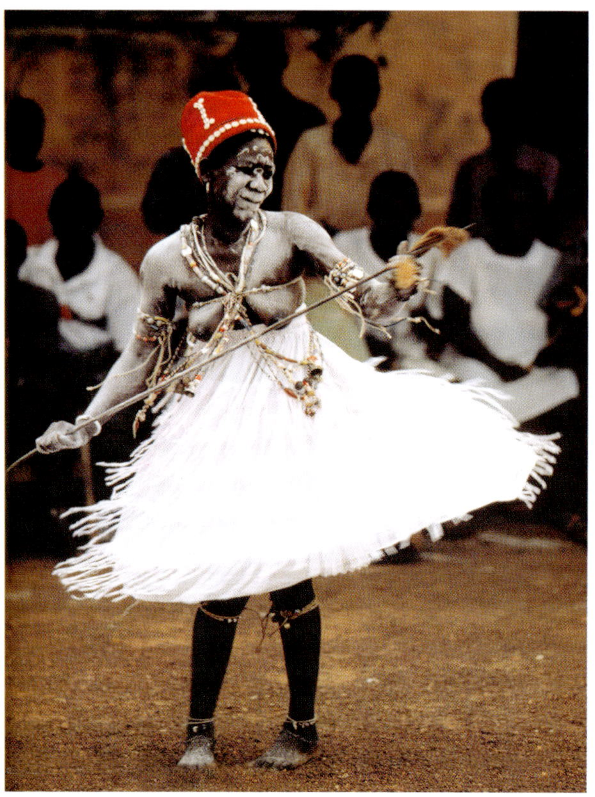

코트디부아르 탱골라마을 주술사가 의식중에 추는 춤
Dance of sorcerers During ceremonies in the village of Tangola in Ivory Coast

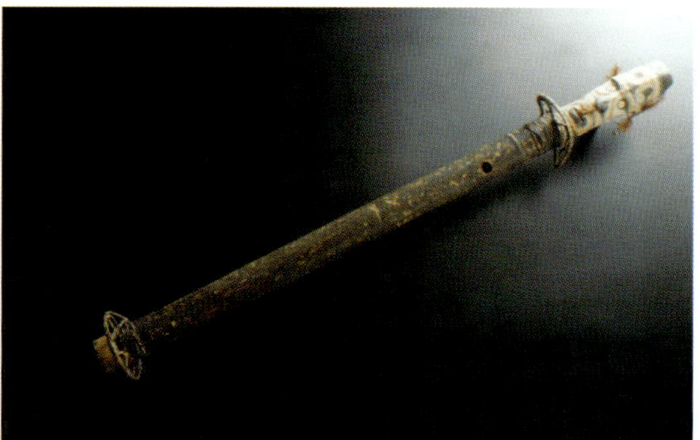

나무장승 피지 16C
Totem pole, 16c, Fiji

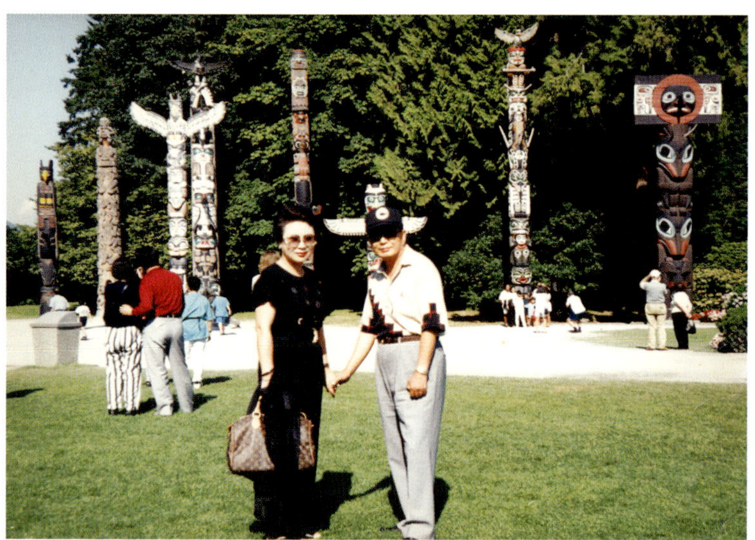

북미인디언 하이디족 장승
A totem pole in Northern part of American

5. 농경, 수렵, 어업 Agriculture, Hunting, Fishery

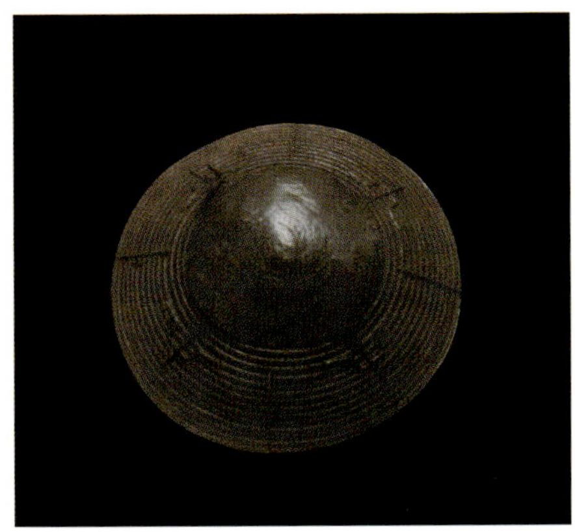

방패 몽골 16C
Shield, 16C, Mongol

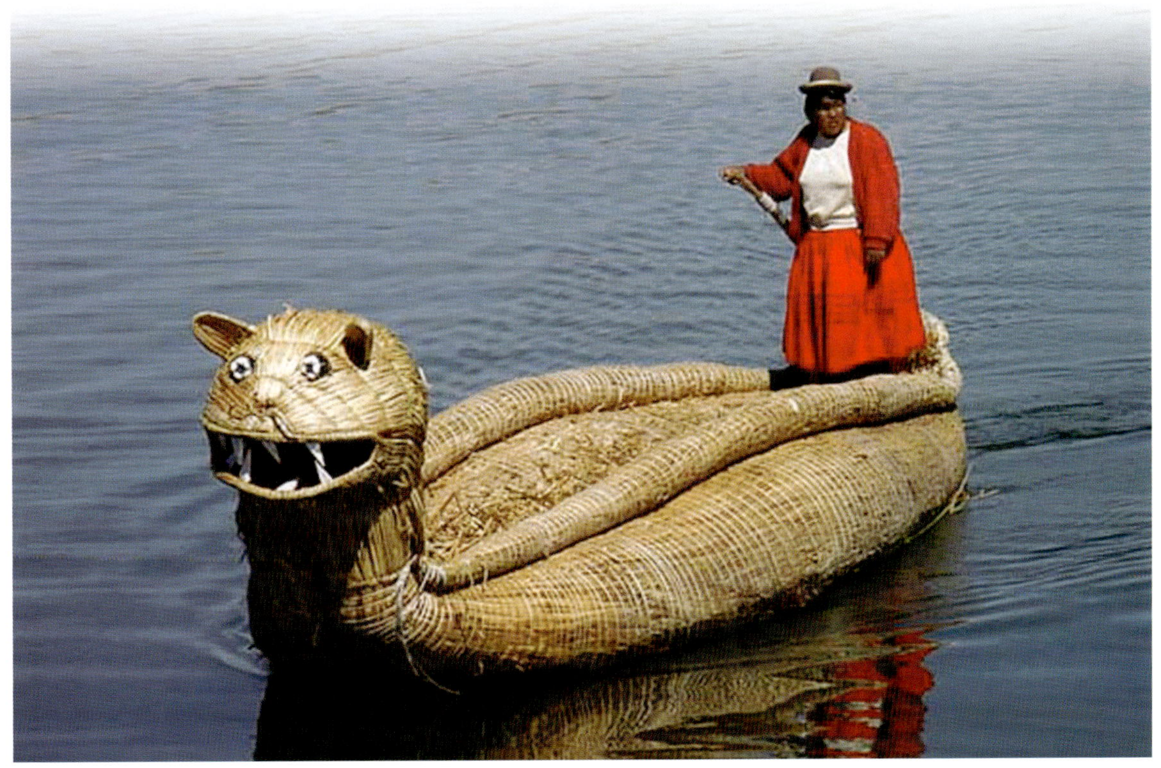

티티카카호수의 갈대배 페루 20C
Reed boat in Titicaca lake, 20C, Peru

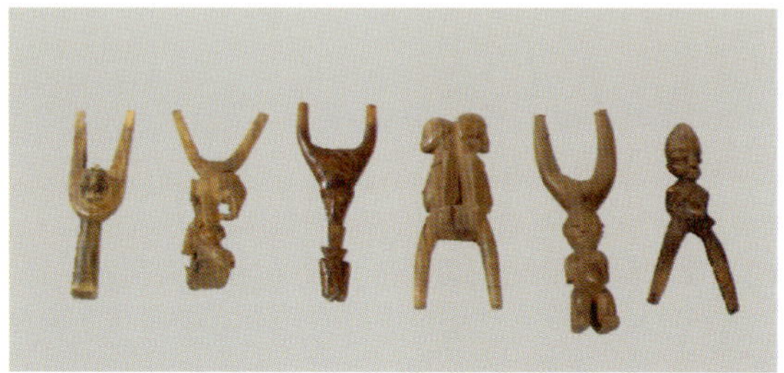

나무새총 코트디브와르 17C
Wooden air rifle, 17C, Cote d'Ivoire

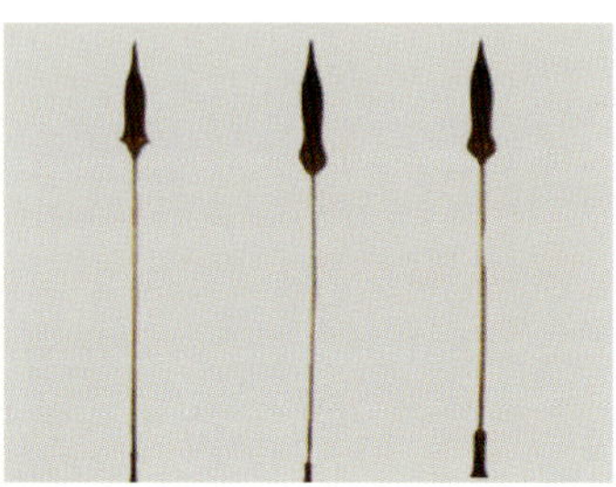

창 탄자니아 16C
Spear, 16C, Tanzania

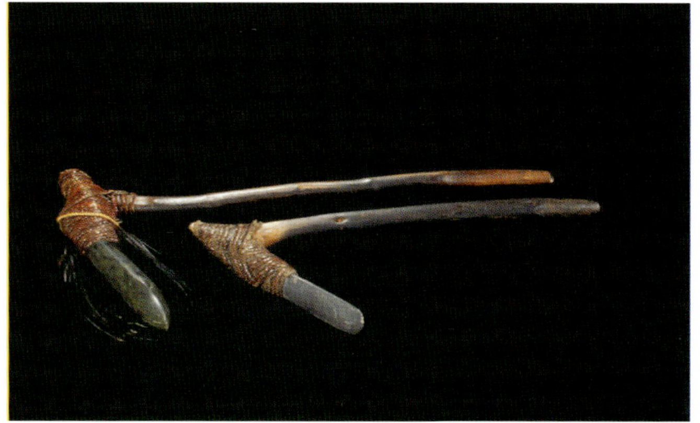

돌도끼 인도네시아 18C
Stone ax, 18C, Indonesia

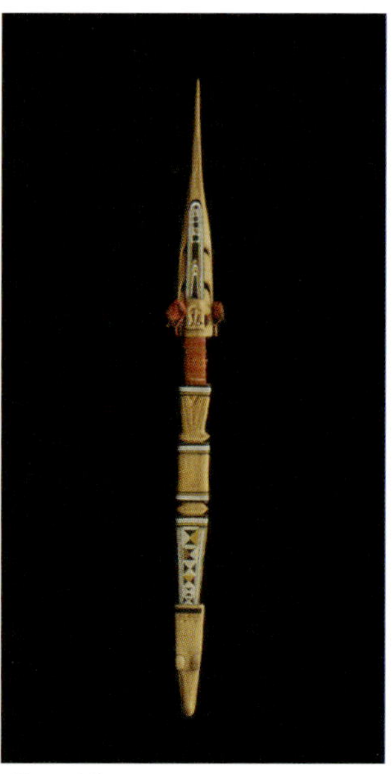

창 뉴질랜드 18C
Spear, 18C, New Zealand

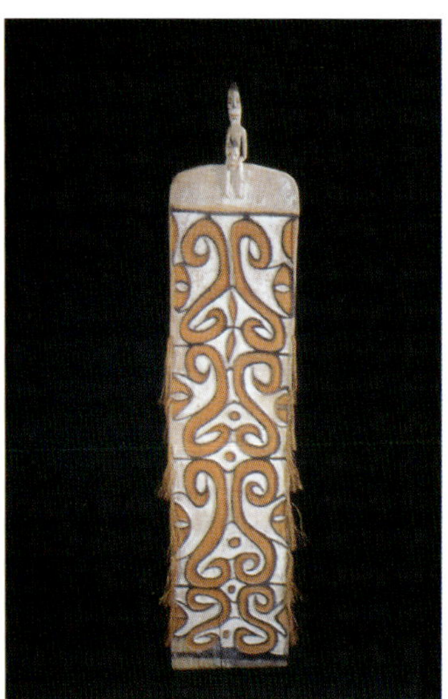

방패 파푸아뉴기니 18C
Shield, 18C, Papua New guinea

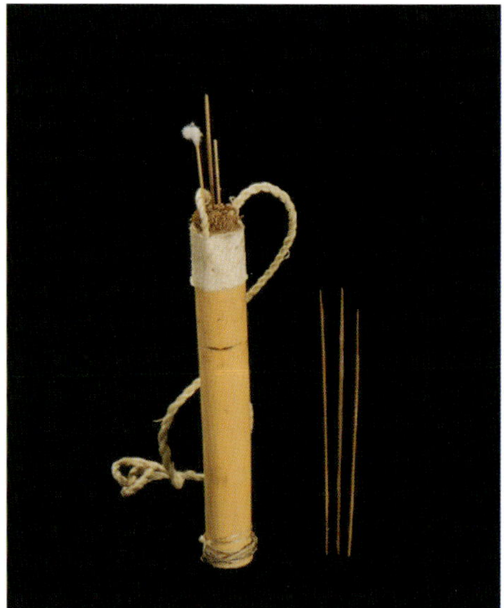

독침, 독침 통 말레이시아 17C
Poison needle, Poison needle case, 17C, Malaysia

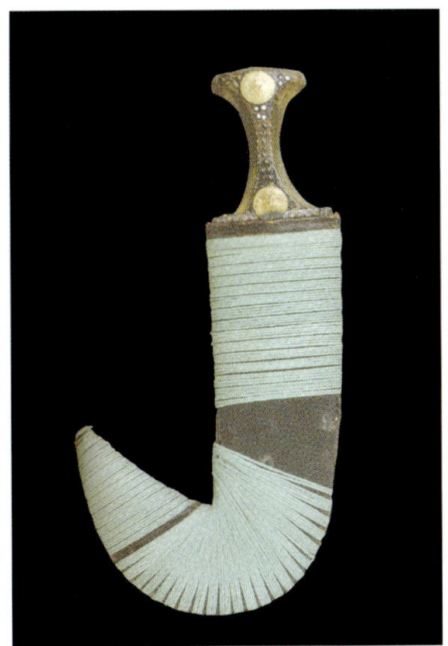

전통칼 오만 18C
Traditional sword, 18C Oman

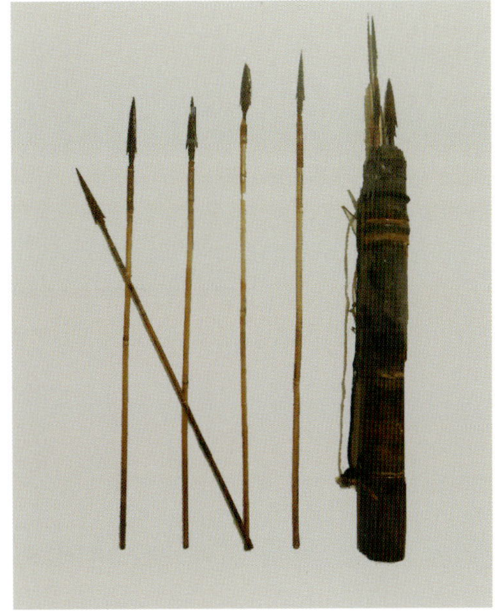

화살, 화살통 콩고 17C
Arrows, Arrow box, 17C, Congo

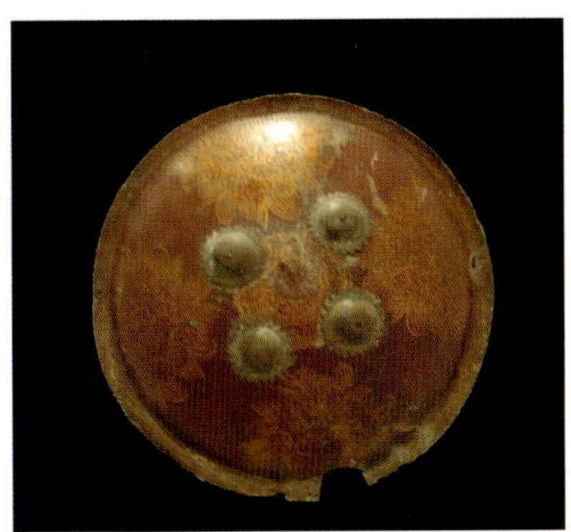

가죽방패 그리스 16C
Leather shield, 16C, Greece

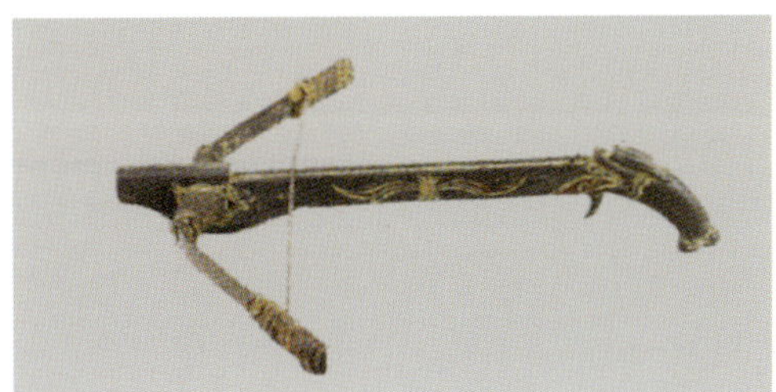

석궁 태국 17C
Stone arch, 17C, Thailand

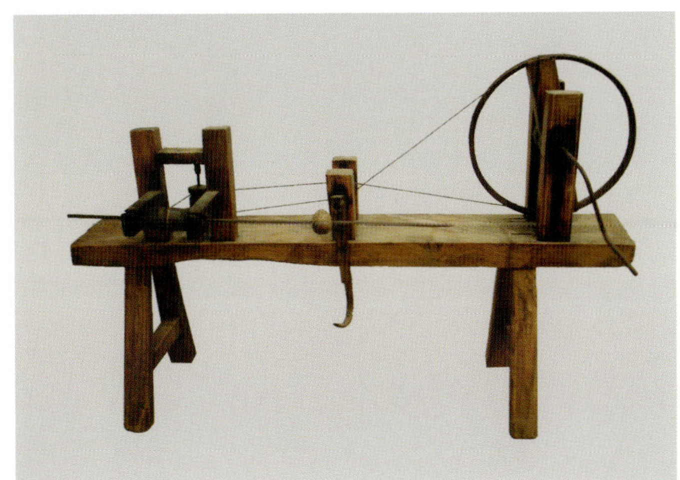

물레 중국 19C
Spinning wheels, 19C, China

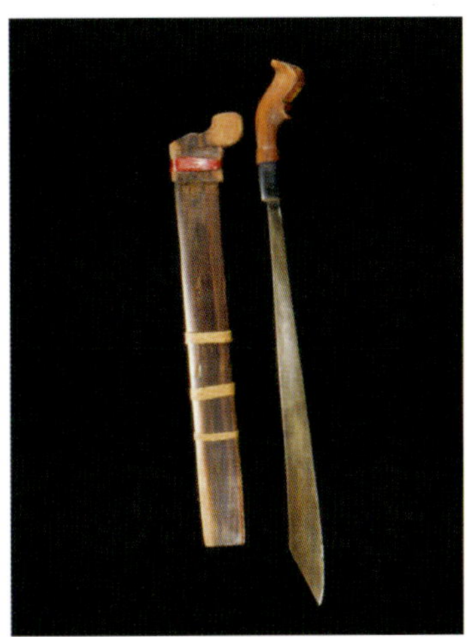

금속제 칼 필리핀 18C
Metal sword, 18C, Philippines

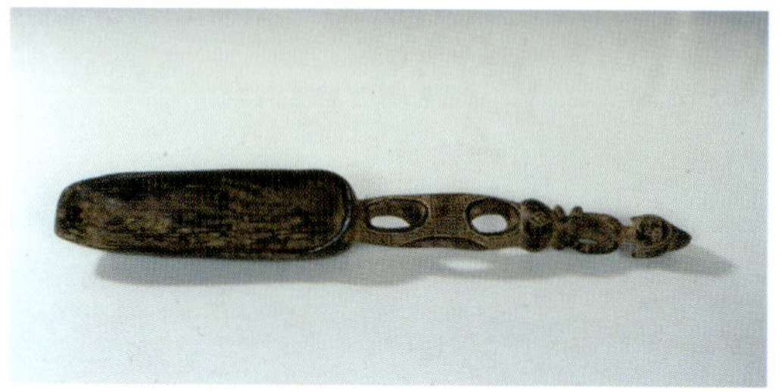

인물형 나무스푼 부르키나 파소 17C
Human-shaped wooden spoon, 17C, Burkina Faso

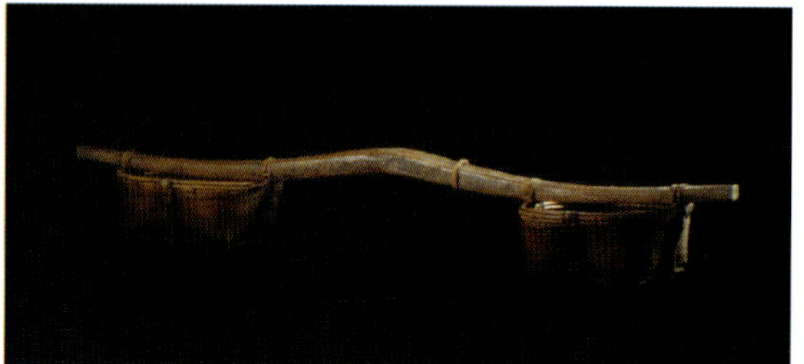

나무지게 필리핀 18C
Carrier's instrument, 18C, Philippines

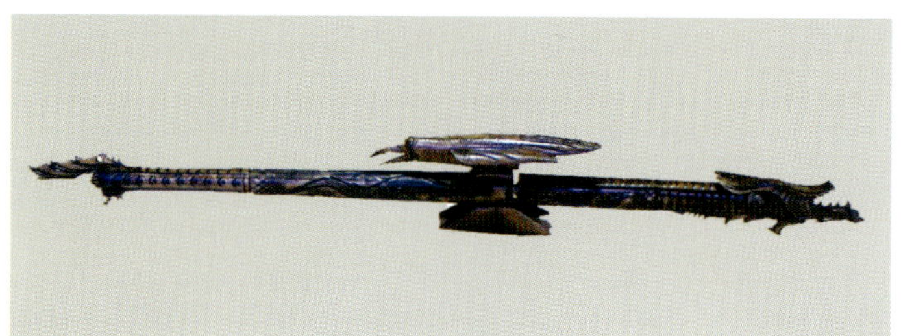

독침 총 미얀마 17C
Poison needle rifle, 17C, Myanmar

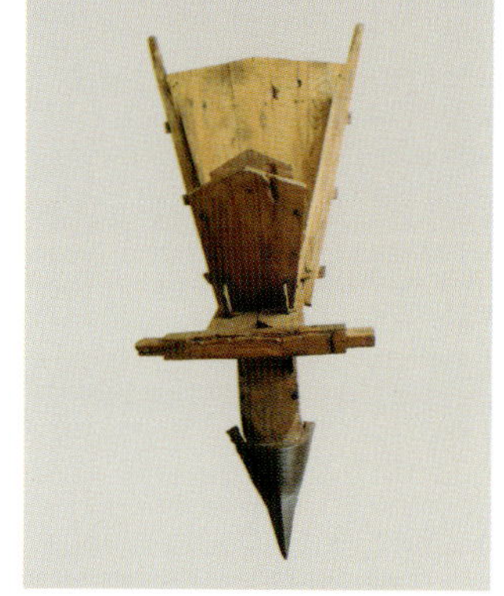

파종기 미얀마 17C
Sowing machine, 17C, Myanmar

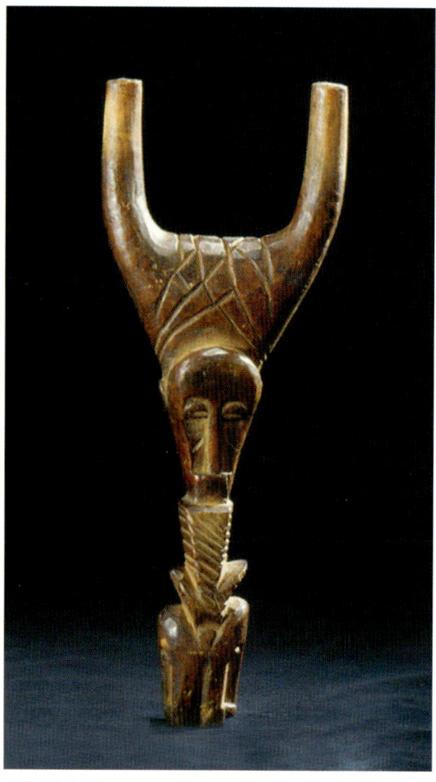

새총 말리 18C
Wooden air rifle, 18C, Mali

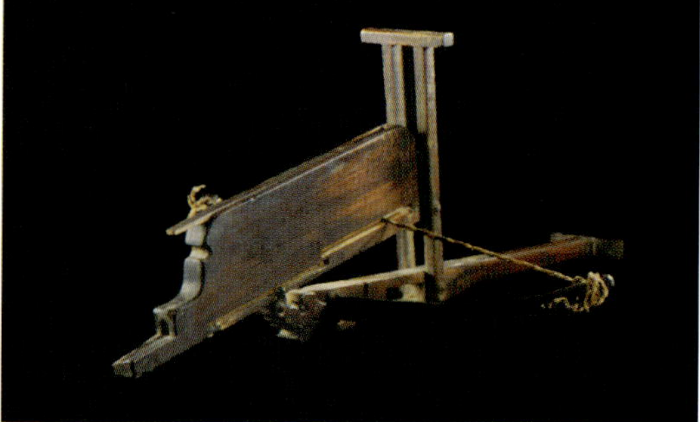

석궁 라오스 18C
Stone arch, 18C, Laos

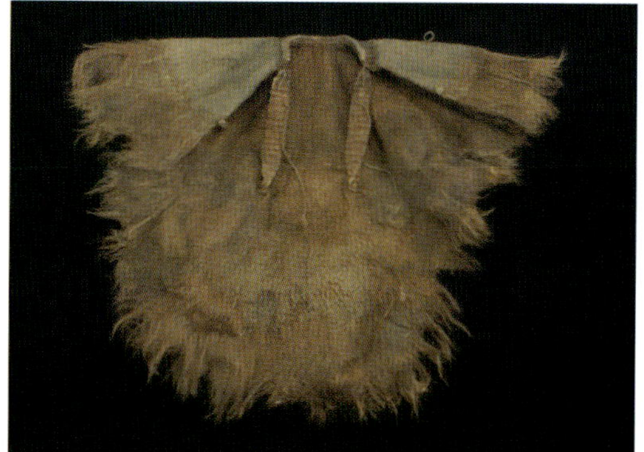

도롱이 중국 18C
straw rain coat, 18C, China

6. 세계인의 탈 Traditional Mask of the World

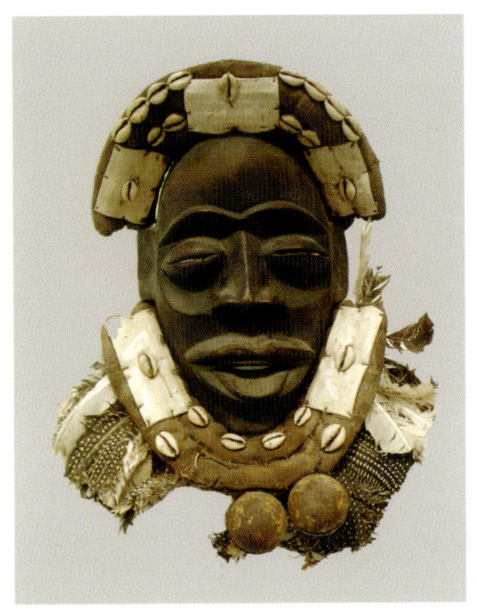

탈 콩고 17C
Mask, 17C, Congo

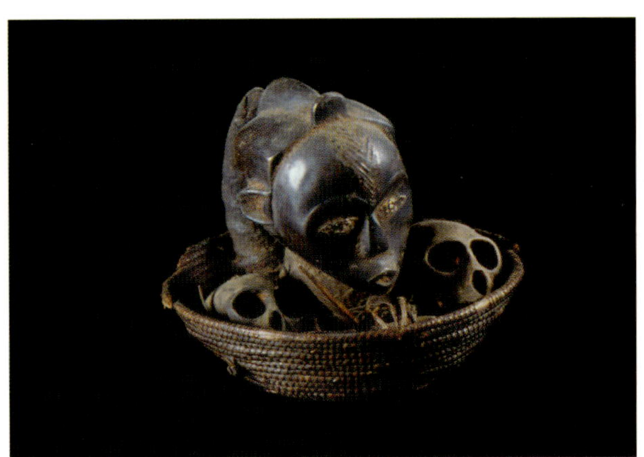

의식용 탈 카메룬 16C
Ceremonial mask, 16C, Cameroon

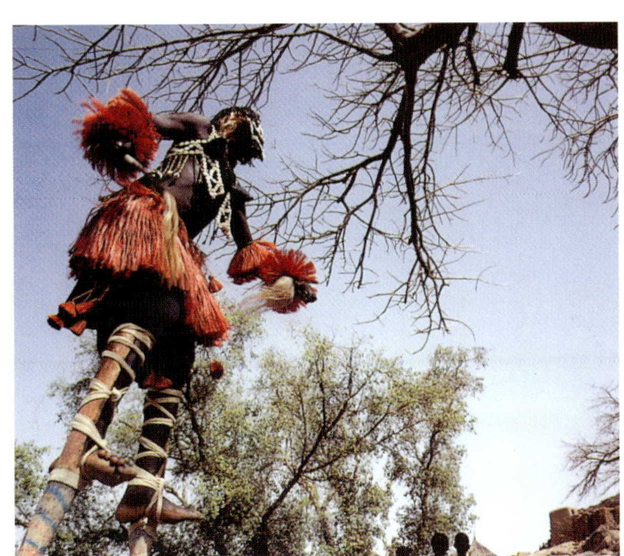

아프리카 말리 도곤족의 가면제
Mask festival on Dogon tribe in Mali

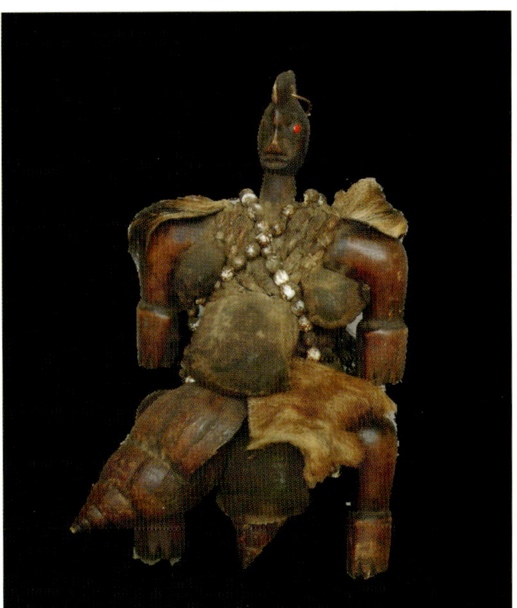

의식용 탈 카메룬 16C
Ceremonial mask, 16C, Cameroon

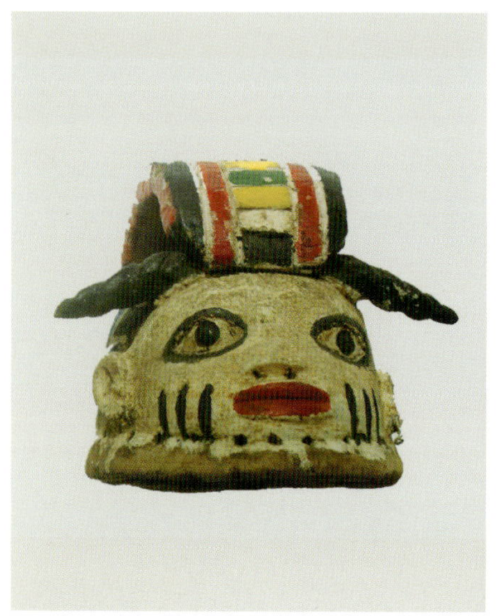

헬멧 탈 콩고 17C
Helmet mask, 17C, Congo

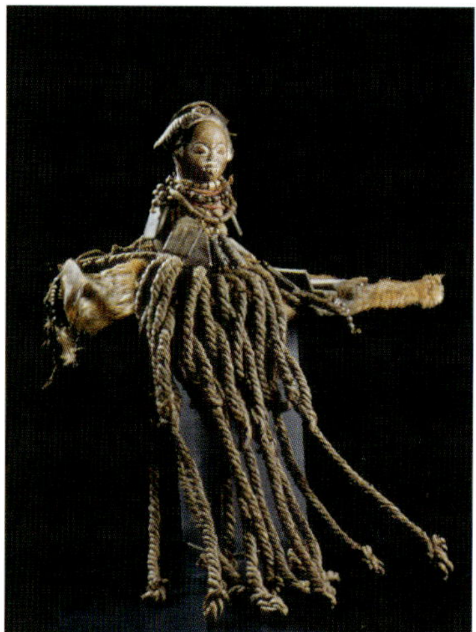

인물형 의식용 탈 카메룬 17C
Human-shaped mask for ceremonies, 17C,
Cameroon

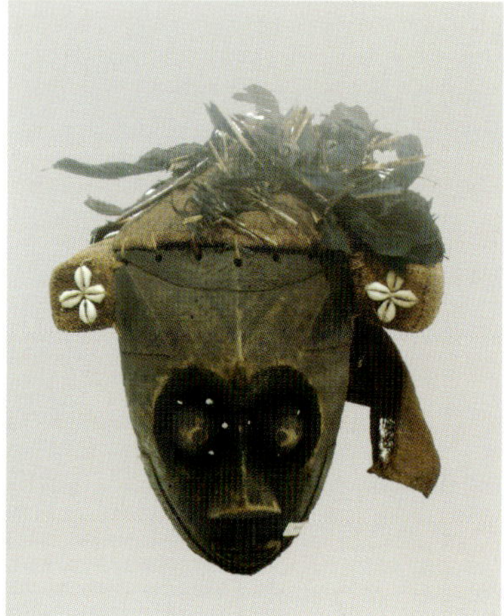

푸른깃털 탈 세네갈 17C
Blue feather mask, 17C, Senegal

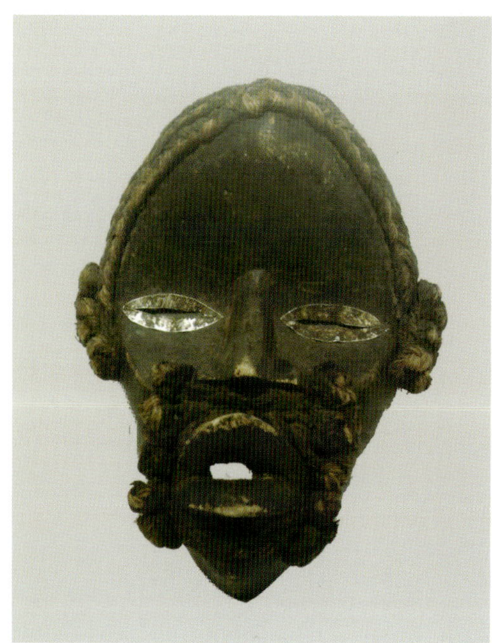

탈 라이베리아 단족 17C
Mask, 17C, Dan tribe Liberia

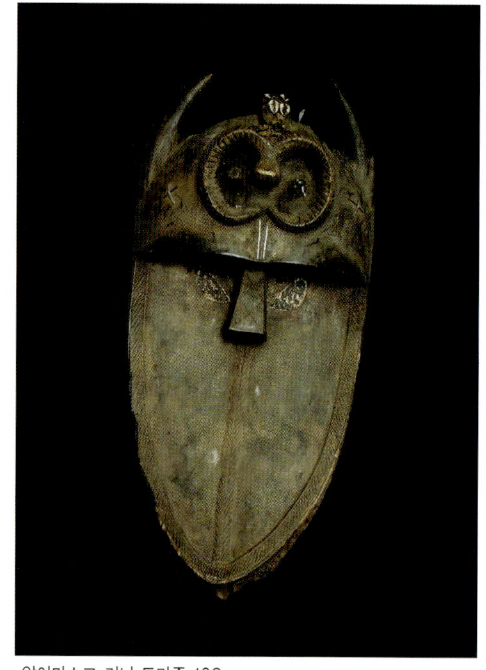

악어마스크 기니 토마족 16C
Alligator mask, 16C, Toma tribe Guinea

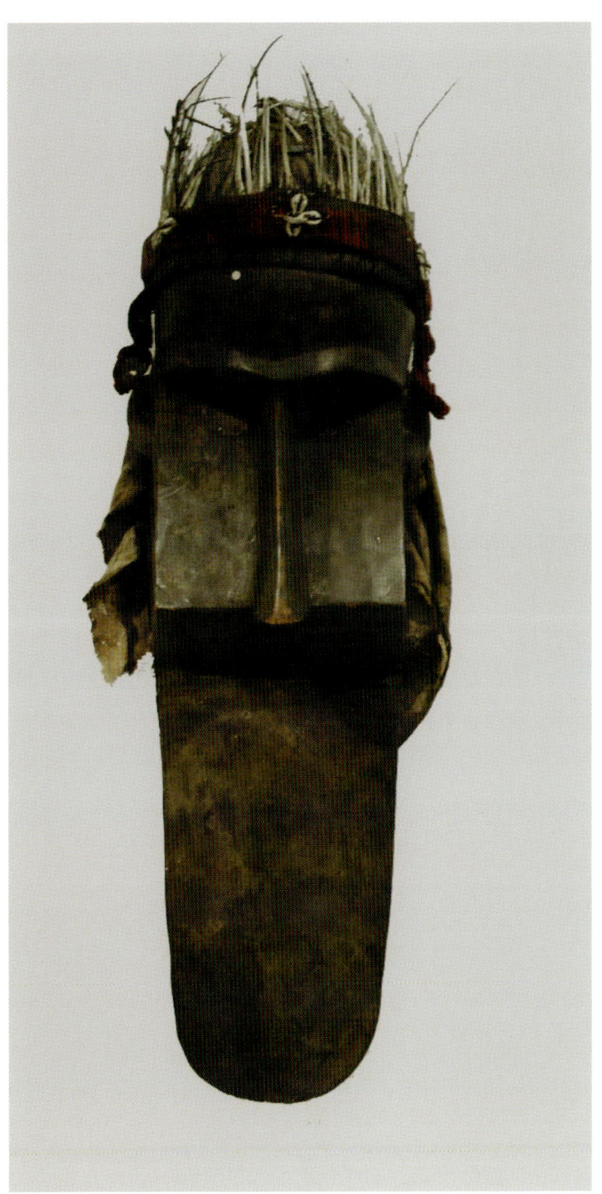

악어마스크 기니 토마족 16C
Alligator mask, Toma tribe Guinea

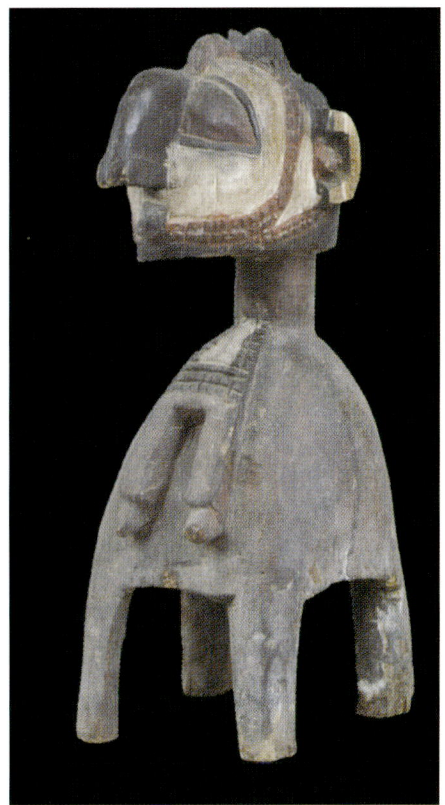

탈 기니 바가족 17C
Mask, 17C, Baga tribe Guinea

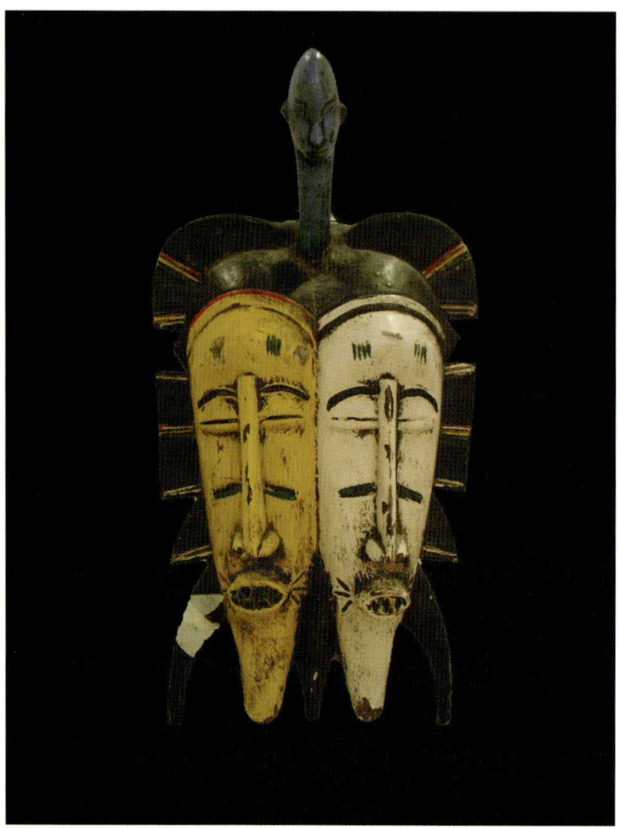

탈 코트디부아르 16C
Mask, 16C, Côte d'Ivoire

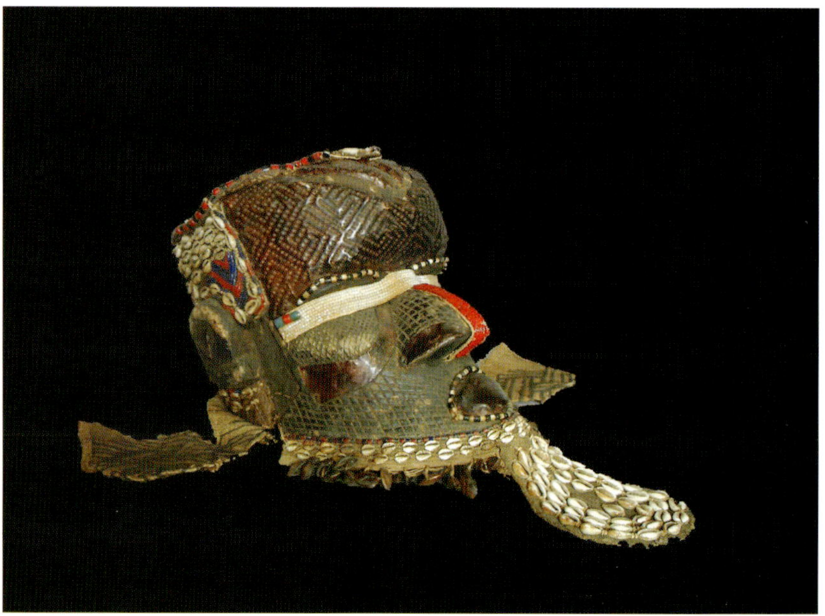

왕의 탈 자이르 바쿠바족 16C
King's mask, 16C, Zaire tribe

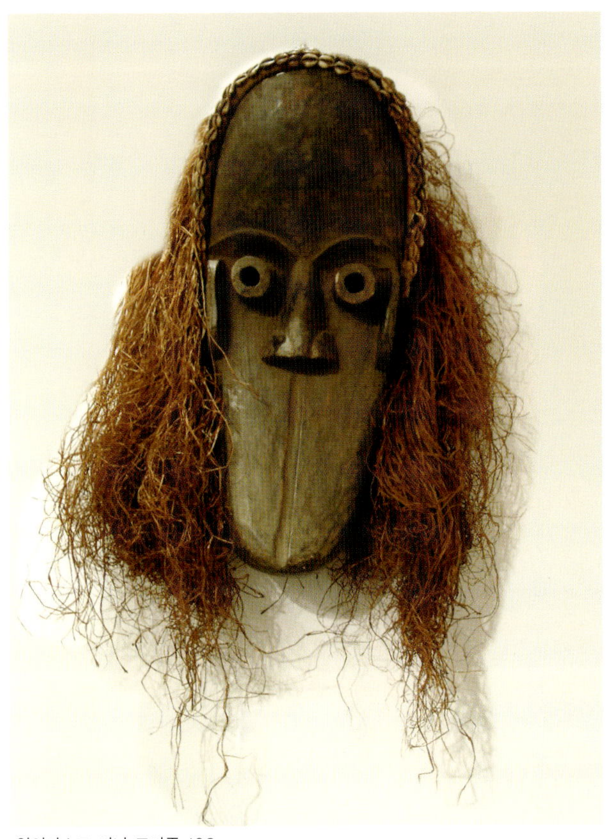

악어마스크 기니 토마족 16C
Alligator mask, Toma tribe Guinea

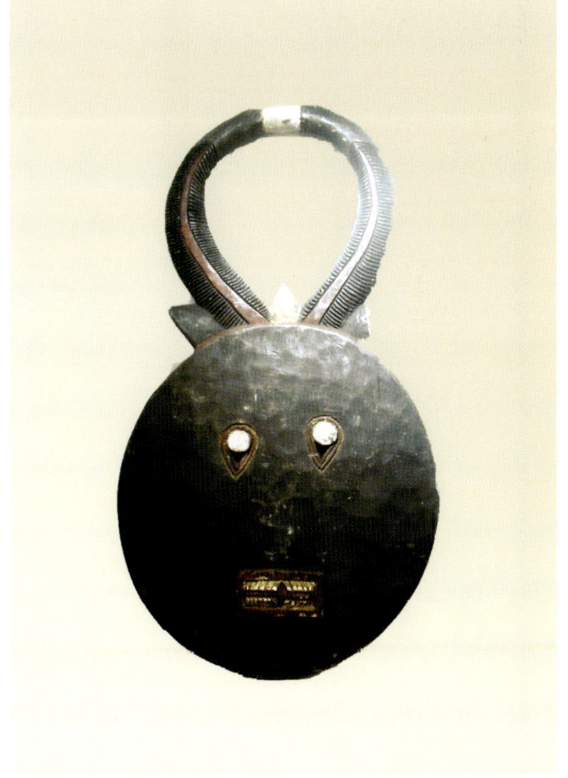

골리마스크 코트디브와르 17C
Goli mask, 17C, Côte d'Ivoire

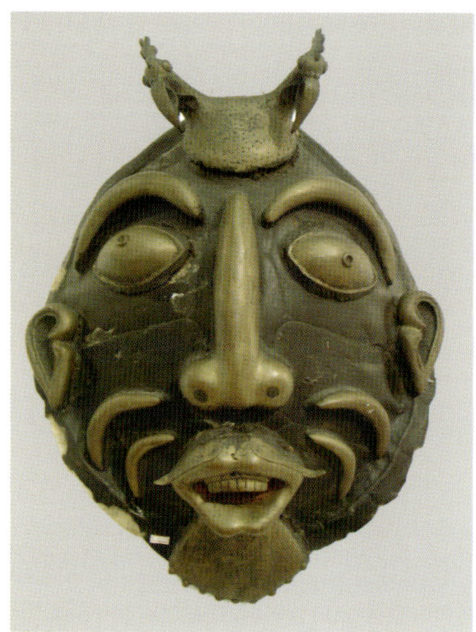

거북이등껍질 탈 탄자니아 17C
Turtleback mask, 17C, Tanzania

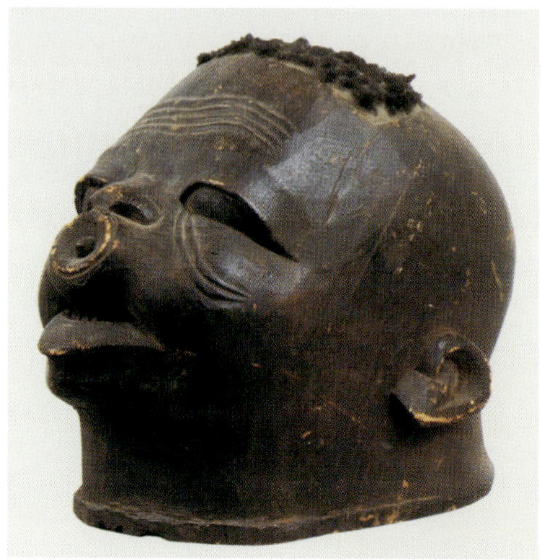

마콘데족 헬멧탈 탄자니아 17C
Maconde tribe's mask, 17C, Tanzania

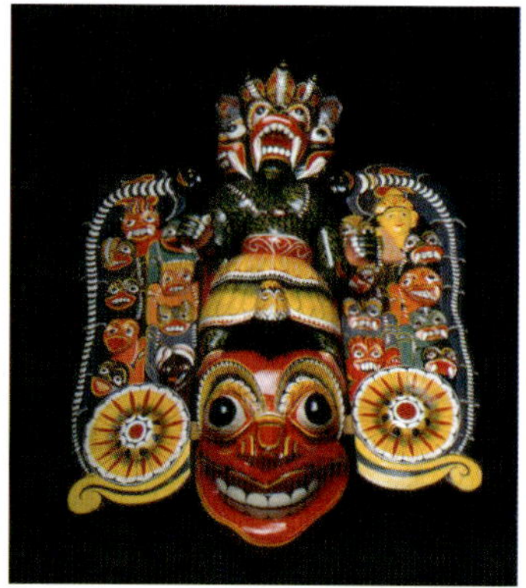

탈 스리랑카 18C
Mask, 16C, Sri Lanka

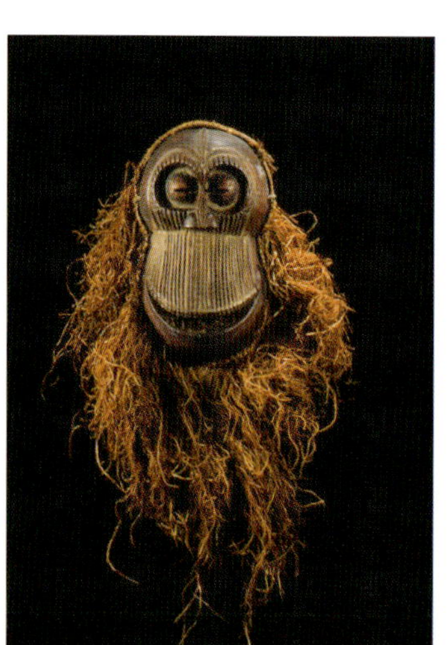

원숭이형 탈 스와질랜드 18C
Monkey-shaped mask, 18C, Swaziland

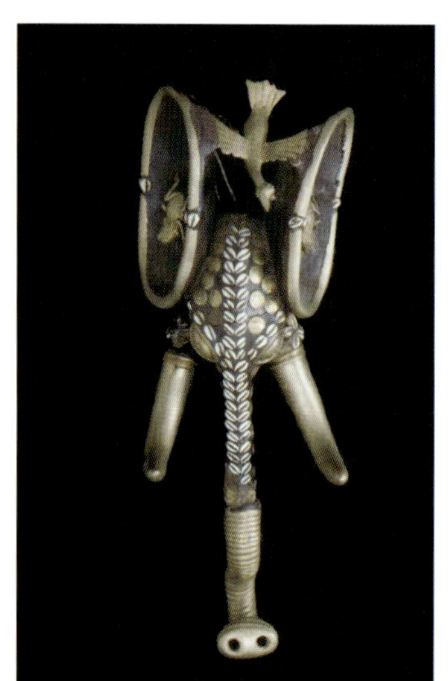

코끼리모양 탈 코트디브와르 16C
Elephant-shaped mask, 16C, Côte d'
Ivoire

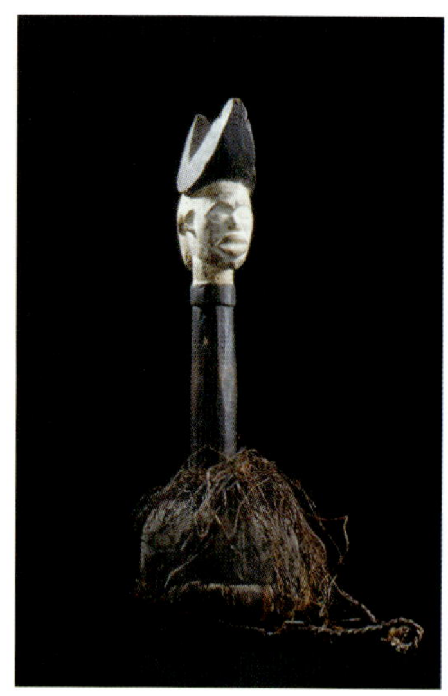

헬멧탈 탄자니아 17C
Helmet mask, 17C, Tanzania

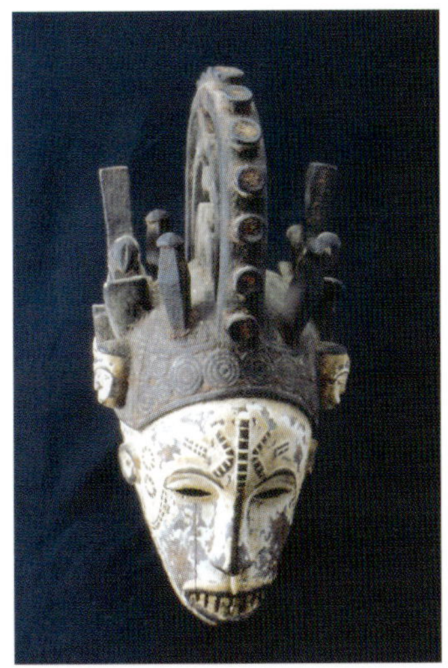

탈 나이지리아 이보족 17C
Mask, 17C, Ivo tribe Nigeria

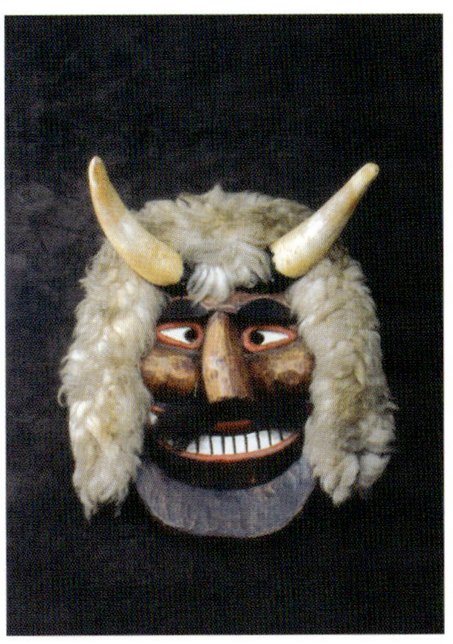

탈 스위스 17C
Mask, 17C, Swiss

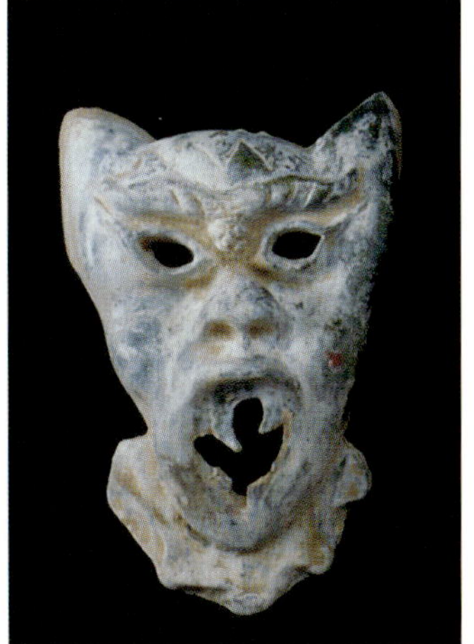

녹유 괴수형 탈 중국 13C
Green oil monster-shaped mask, 13C,
China

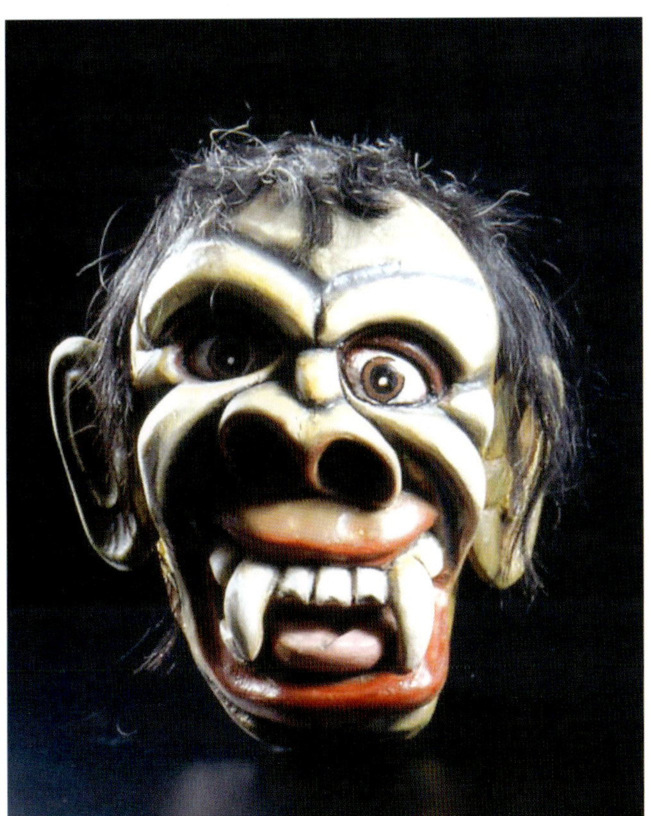

도깨비형 탈 오스트리아 17C
Monster-shaped mask, 17C, Austria

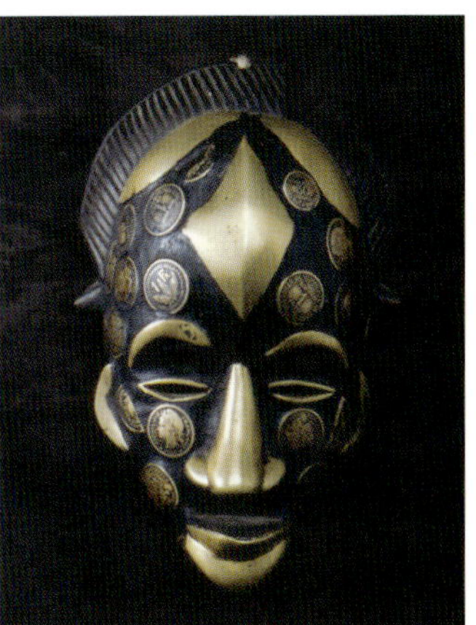

청동 인물형 탈 카메룬 17C
Mask of a person made with bronze,
17C, Cameroon

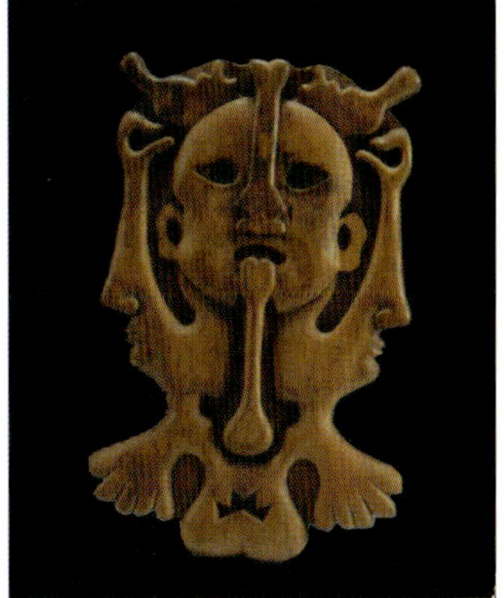

악령 쫓는 의식용 탈 몽골 18C
Ceremonial mask used to drive out evil
spirits

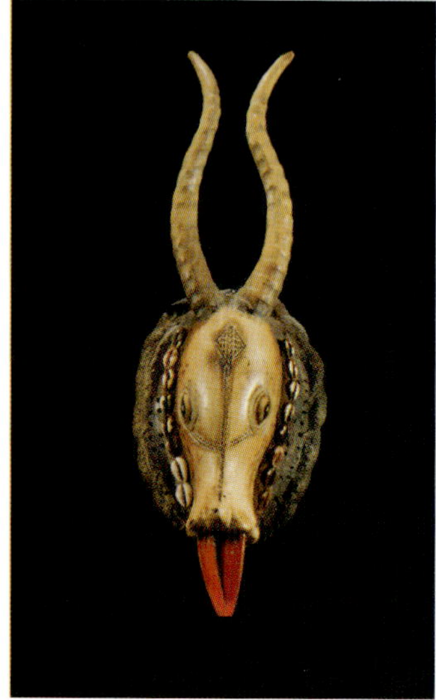

영양모양 탈 코트디브와르 구로족 17C
Antelope-shaped mask, 17C, Guro
tribe Côte d' Ivoire

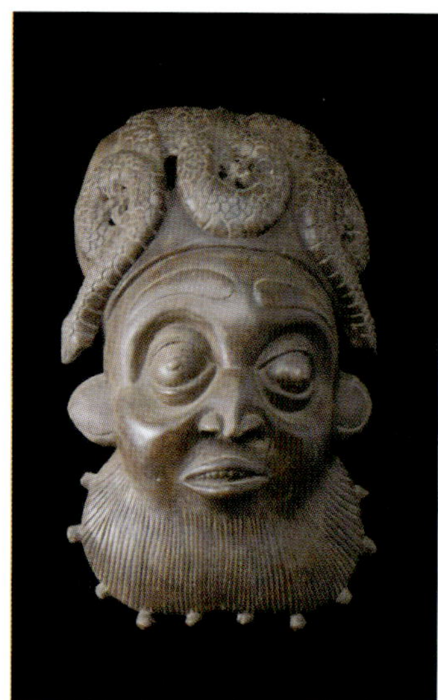

탈 카메룬 17C
Mask, 17C, Cameroon

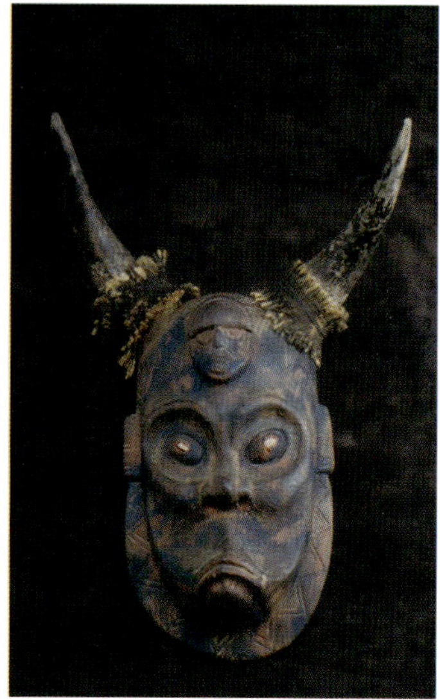

탈 네팔 17C
Mask, 17C, Nepal

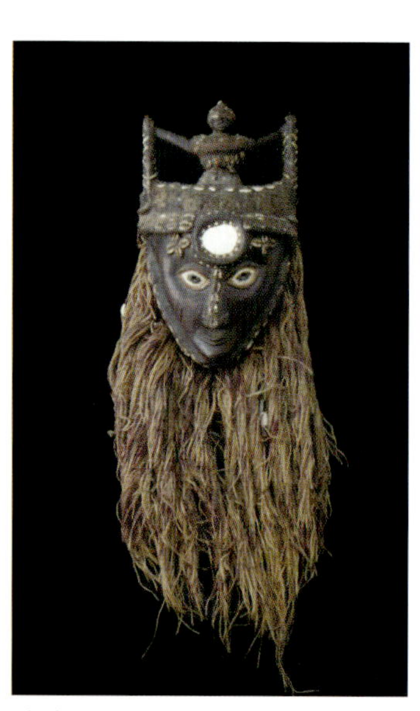

탈 베냉 17C
Mask, 17C, Benin

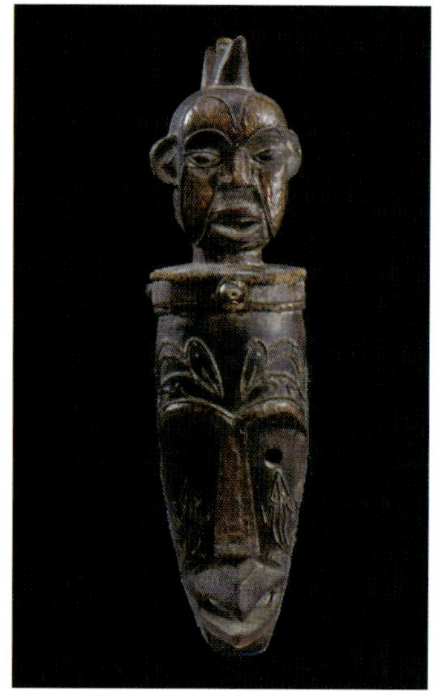

탈 카메룬 17C
Mask, 17C, Cameroon

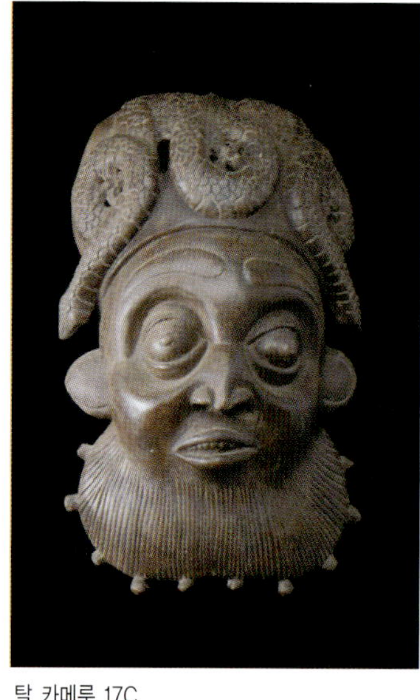

탈 말리 밤바라족 17C
Mask, 17C, Bambara tribe Mali

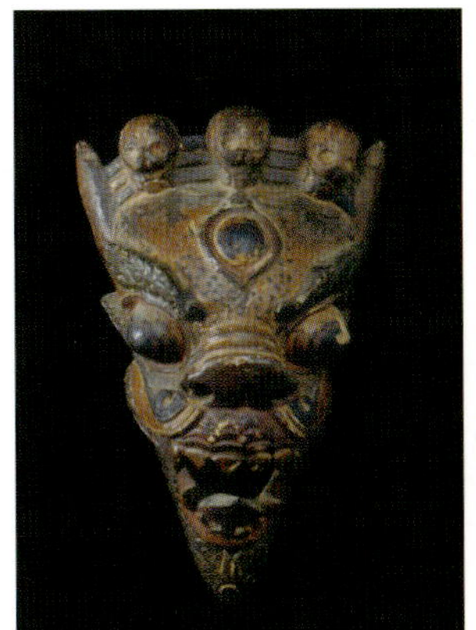

괴수형 탈 네팔 16C
Monster-shaped mask, 16C, Nepal

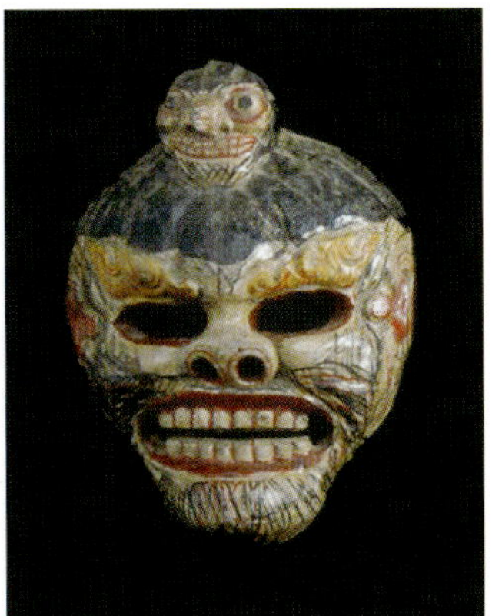

탈 과테말라 18C
Mask, 18C, Guatemala

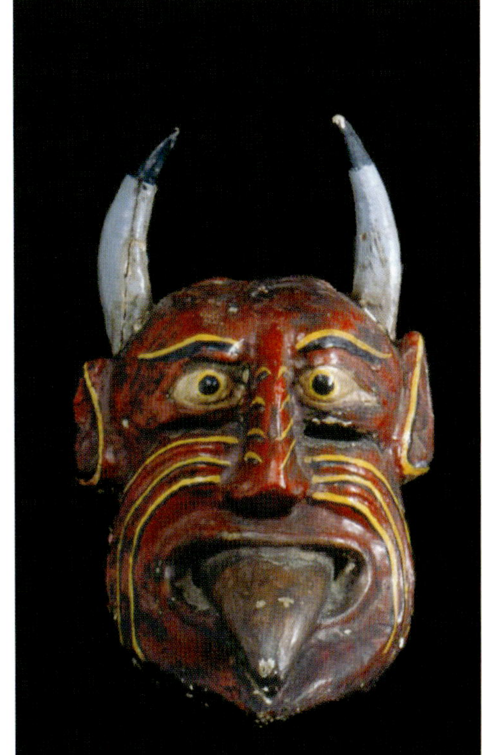

탈 과테말라 17C
Mask, 17C, Guatemala

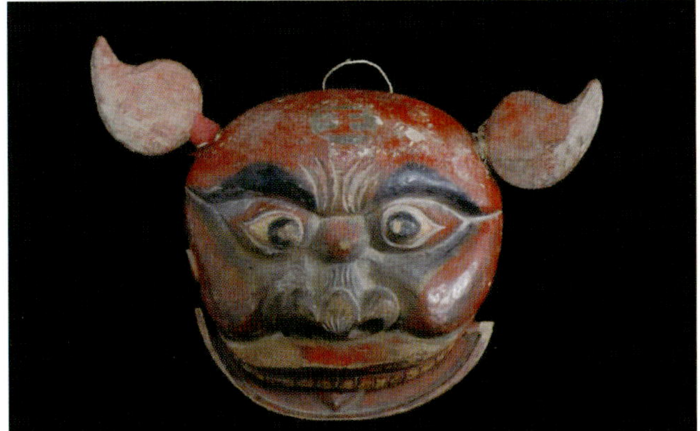

탈 중국 17C
Mask, 17C, China

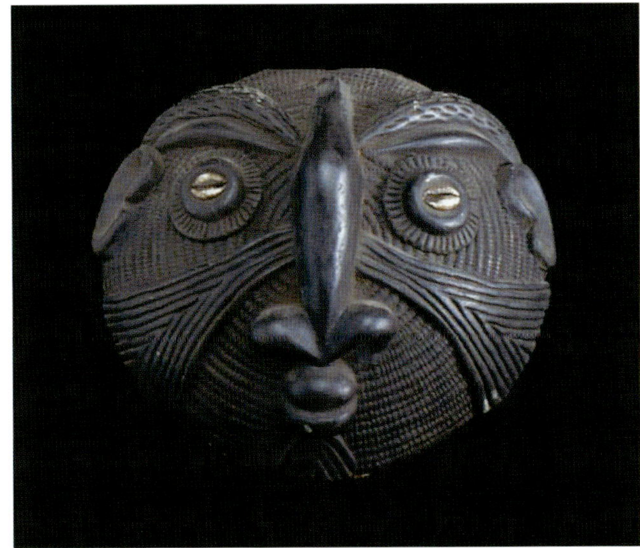

탈 나이지리아 17C
Mask, 17C, Nigeria

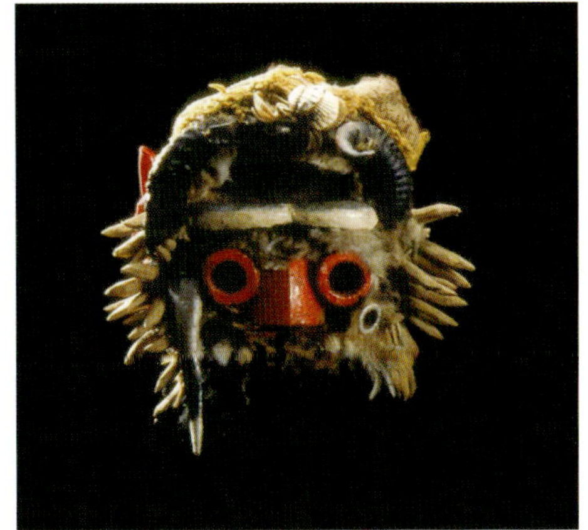

탈 짐바브웨 17C
Mask, 17C, Zimbabwe

7. 세계의 악기 Folk music Instrument of the World

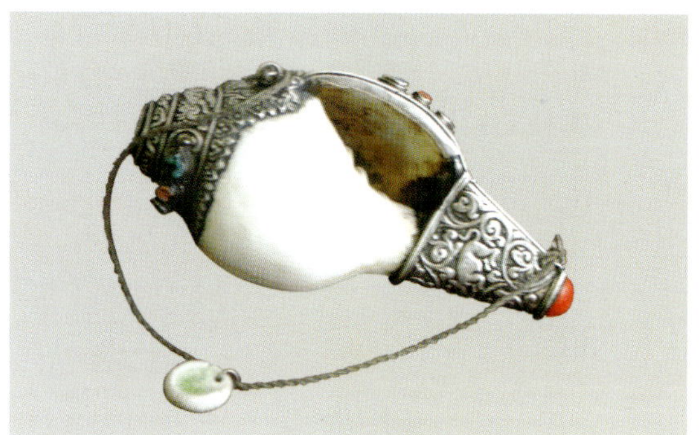

소라형 악기 몽골 16C
Trumpet shell musical instrument, 16C, Mongol

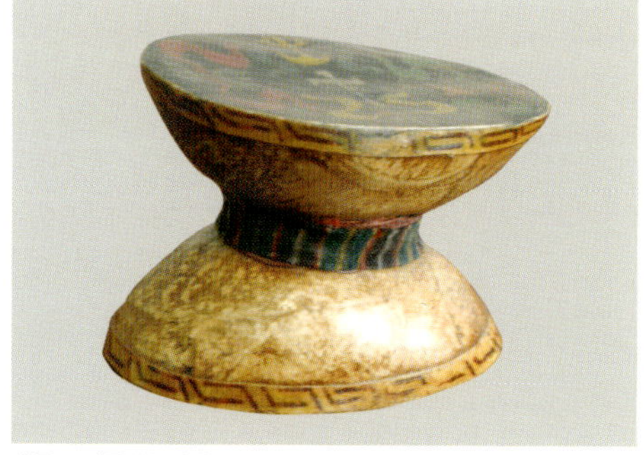

해골로 만든 북 티벳 15C
Drum made from human skull, 15C, Tibet

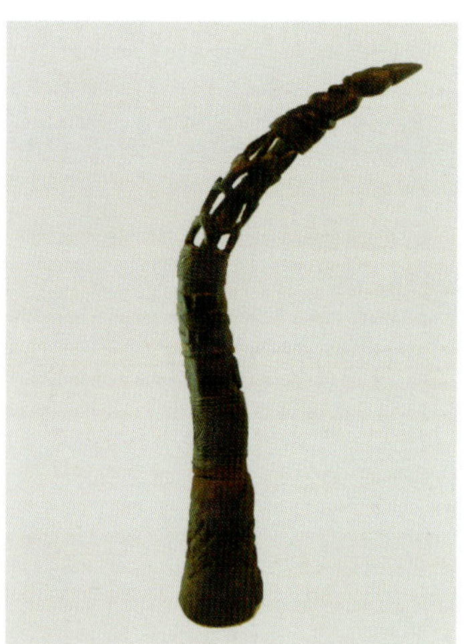

조각된 악기 카메룬 16C
Carved musical instrument, 16C, Cameroon

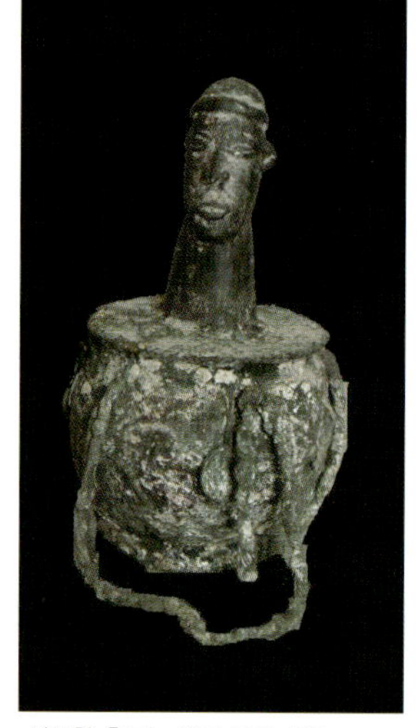

인물형 흔드는 악기 콩고 16C
Human-shaped instrument which is played by waving it, 16c, Congo

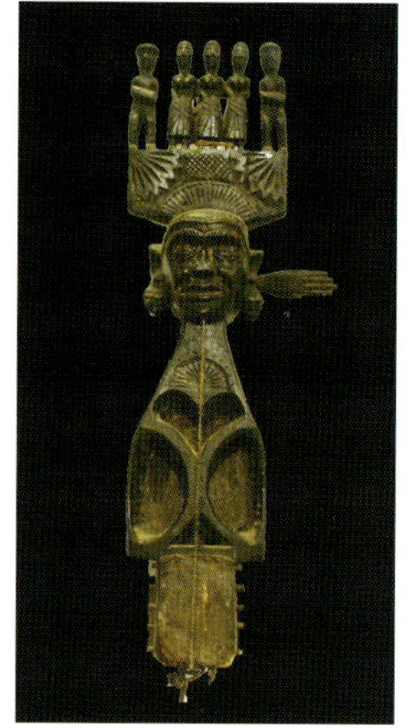

인물형 악기 네팔 17C
Human-shaped musical instrument, 17C, Nepal

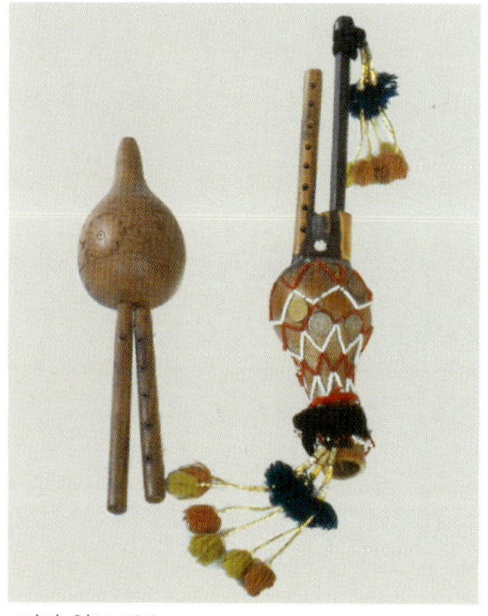

피리 인도 19C
Flute, 19C, India

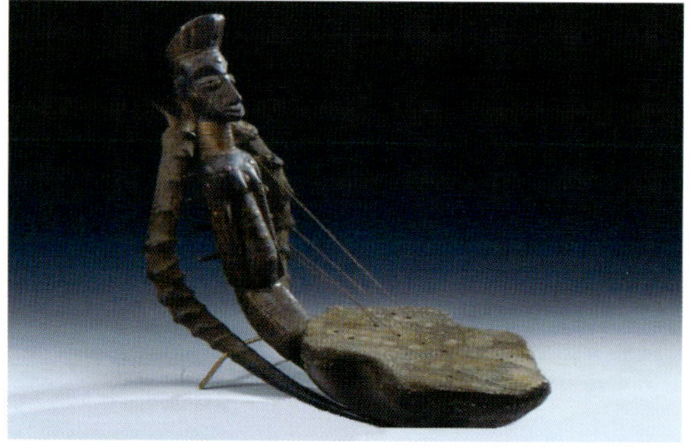

인물형 악기 부르키나 파소 17C
Figure-shaped musical instrument, 17C, Burkina Faso

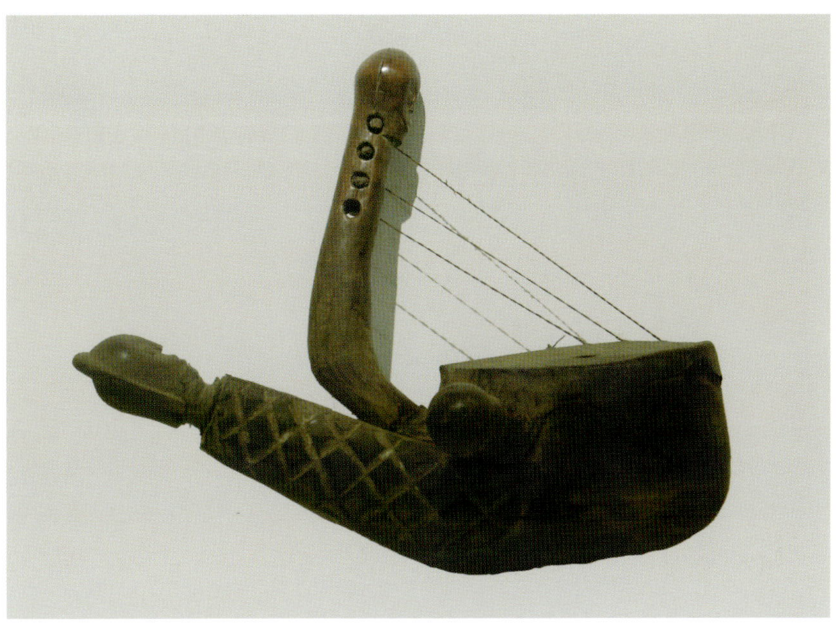

인물형 민속악기 콩고 17C
Figure-shaped folk musical instrument, 17C, Congo

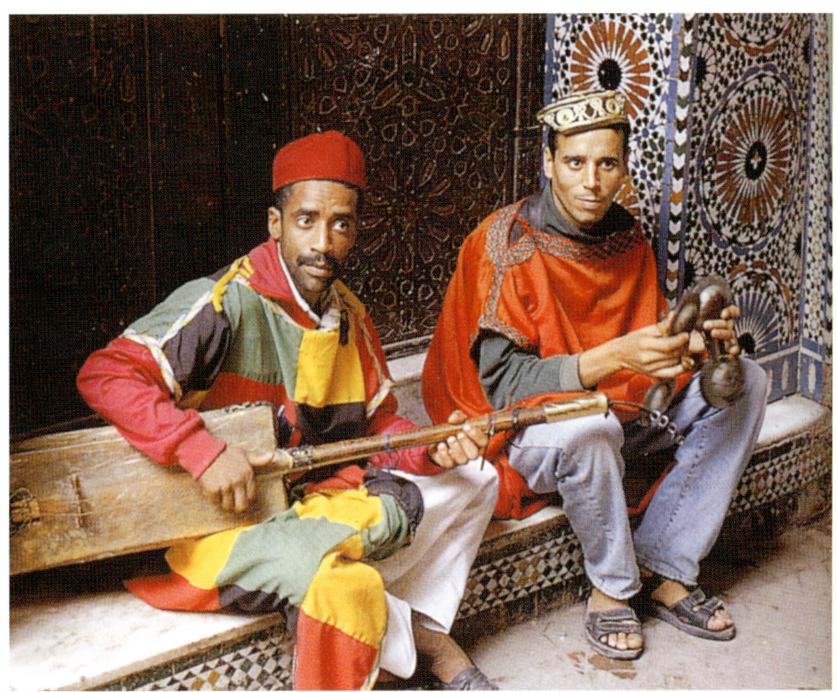

모로코 페스, 전통악기를 연주하고 있는 사람들
Figures are playing traditional musical instrument on Pess in Morocco

발　행 | 지구촌민속박물관 관장 박희문
편　집 | 지구촌민속박물관 학예실 (02)773-9590)
디자인 | 김 종 임
발행일 | 2007년 7월
인　쇄 | 대진문화사
판　매 | 대원사 ☎ 757-6711 / FAX.775-8043

ISBN 978-89-959745-3-7 03380